그리스도인으로 살면서 이 세상이 열광하는 흐름에 밀려나는 듯한 괴리감을 경험한 적이 있는가? 그렇다면 이 책에서 희망과 도움을 찾을 수 있다. 예수님은 철저히 다른 삶으로 우리를 초대하신다. 우리가 이 세상에서 보고 때때로 교회 안에서도 보는 것과는 양상이 아주 다른 삶이다. 우리가 달가워하지 않는 사람들을 받아들이고, 이들에게 친절을 베풀며, 다른 사람보다 우리 자신의 티끌에 먼저 시선을 맞추는 삶이다. 알리스테어 벡은 이러한 삶으로의 초대장을 우리에게 건넨다. 예수님이 직접 쓰신 초대장이다. 그렇기에 이 책은 예수님의 은혜와 지혜가 넘치며, 오늘 우리에게 절실히 필요한 안내서다.
콜린 스미스, 오처드 복음주의 자유 교회 담임목사, 오픈 더 바이블 설립자

천천히 읽어야 하고 여러 번 읽어야 할 책이다. 이해하기 어려운 책이라서가 아니라(어렵지 않다) 너무나 중요하고 유익한 책이기 때문이다. 알리스테어 벡은 예수님이 그분의 백성들을 초대하시는 놀라운 삶의 부분부분을 솜씨 있게 드러낸다. 그리스도인들이 정말로 구원받았다는 게 삶에서 실제로 어떻게 나타나는가? 그리스도인들이 세상과 충돌하는 가치관을 기뻐한다는 것이 삶에서 실제로 어떻게 나타나는가? 독자들은 이 책에서 답을 얻을 것이다. 그뿐 아니라, 예수님이 '복이 있다'고 하신 사람들에게 보장된 특권을 누릴 것이다.
존 우드하우스, 무어 신학대학 전직 총장

알리스테어 벡은 이스라엘 땅 평지에서 울려퍼진 예수님의 메시지를 우리가 사는 세상으로 가져와 그것이 어떤 의미이고 어떻게 적용 가능한지 명료하게 밝히면서도 이 메시지가 주는 묵직한 도전을 조금도 덜어내려 하지 않는다. 그 결과, 우리에게 도전은 초대 곧 복된 삶으로 나아오라는 초대가 된다.
팀 체스터, 크로스랜즈 트레이닝 교수, 『하나님을 즐기는 삶』 저자

예수님 나라의 삶은 최고의 삶이라 부를 만하다. 자유함이 있고 기쁨이 흐르며 더없이 만족스러운 삶이다. 그러나 주류 문화를 벗어나고 직관을 거스르는 삶이기도 하다. 우리 주님이 초대하시는 나라에서의 삶의 원리와 우선순위는 우리 사회가 선호하는 삶의 가치관이나 덕목과 철저히 다르지만, 우리는 구별되게 살라는 부르심을 받아들이기보다 지배적인 문화에 순응하기가 훨씬 쉽다. 알리스테어 벡은 특유의 따뜻함과 재치를 잘 응용해 우리를 예수님의 가르침으로 되돌리고 그분의 나라가 무엇과 같고 왜 그 나라의 삶이 진정 복 있는 삶인지 보여준다.
캐롤린 레이시, 우드그린 복음주의 교회 사역자, Say the Right Thing과 Extraordinary Hospitality의 저자

예수가 평지에서 하신 말씀

The Christian Manifesto

*Jesus' Life-Changing Words from
the Sermon on the Plain*

by Alistair Begg

예수가 평지에서 하신 말씀

알리스테어 벡 지음

전의우 옮김

좋은씨앗

목 차

*

1장 복 있는 삶으로 • 009

2장 가치 전복 • 025

3장 유별난 사랑 • 049

4장 황금률의 진짜 의미 • 071

5장 후한 용서 • 093

6장 순전한 삶 • 121

7장 순종하려는 진정한 갈망 • 141

8장 우리 왕의 마음 • 163

미주 • 179

참고 자료 • 181

평지설교 1   # 복 있는 삶으로

그리스도인에게 최고의 삶이란 무엇인가? 어떻게 하면 말그대로 '복 있는 삶'을 누릴 수 있는가?

사람들의 시선을 끄는 온갖 매체의 광고 속에서 누군가는 정답을 안다고 주장한다. 지금 우리가 처한 형편이 어떤 식으로든 모자람과 부족함이라는 현실에 가로막혀 있다고 느끼게 만든다. 자신들이 자랑스럽게 여기는 상품 또는 서비스를 이용해 보면 삶이 훨씬 나아질 거라 설득하기 위해서다. 단지 돈이 조금 더 필요할 뿐이다.

'정답'이라면 정치인들만큼 확신에 찬 목소리를

내는 이들도 없다. 듣기 좋은 화려한 정치적 수사와 구호는 특정 인물이나 정당이 현실의 왜곡된 상황을 바로잡을 능력이 있으며 그러므로 자신들을 믿고 자신들이 펼칠 정책에 표를 행사해 줄 것을 요구한다. 요란한 선거철이 끝나면 언제 그랬냐는 듯 모든 것이 이전으로 재빨리 회귀할 테지만 말이다.

아니, 이전이 조금 더 나았을지도 모른다.

광고와 정치적 구호는 우리의 시선을 어느 때인지 모를 지난 시절로 되돌려 놓곤 한다. 눈을 흐릿하게 뜨고 얼마간 미화된 기억으로 회고해 보노라면 정말이지 그때가 그나마 더 나았던 것 같다. 그때는 덜 화려했을지언정 삶은 지금보다 조금 더 단순했고 조금 더 순수했던 것 같다. 아! 그때는 정말 지금보다 좋았었지 하며 일종의 향수를 불러일으킨다.

추구하는 목표에 따라, 광고와 정치적 구호는 다가오는 우리의 미래의 날들에 희망을 걸어 보라고 외친다. 우리가 그들의 상품을 구매하거나 그들의 정책에 표를 던지기만 하면 정말이지 긍정적인 변화가 시작될 거라는 데 조금의 의심도 갖지 말라는 식으로 말이다.

살아온 날들이 많으면 많을수록 우리 모두는 그런 확신에 찬 목소리를 수도 없이 들어왔다. 결과는 어땠는가? 우리는 과연 그 약속에 따른 최고의 삶, 아니 조금이라도 더 나은 삶을 누리고 있는가?

광고와 정치적 수사 속 약속에서 우리는 충분히 실망을 경험했고 더 이상 그와 같은 약속 비슷한 것들에 신뢰를 두지 않는다. 약속이 약속으로 간주되지 않는 정말이지 가벼움의 시절이다.

정작 우리는 절대로 광고에서 접할 수 없고 정치인에게서 들을 수 없는 약속을 소유하고 있다. 이 책에서 그 사실에 대해 말하고자 한다. 이 또한 그 동안 접해 본 광고나 정치적 수사와 다를 바 없으리라는 냉소적 반응을 일으킬 수도 있겠다. 하지만 장담하건대 이제부터 내가 제시하려는 약속은 나에게서 비롯한 것이 아니다.

이 책에서 내가 기술할 내용은 '선언'이라 부를

만하며 그 앞부분에 '기독교'라는 이름표가 붙어 있다. 우리에게 매니페스토라는 영문 그대로가 더 익숙한 '선언'(manifesto)이란 군주나 국가 수장이나 회사나 조직의 대표가 대내외적으로 공표하는 다짐이나 선포다. 여기 그리스도인의 삶을 위한 선언이 있다. 예수님의 입에서 직접 나온 말씀이다. 예수님은 자신을 따르는 사람들과 향후 그분을 따를지 말지 고민하는 사람들을 '평지'에서 만나주셨다. 그들이 '평지'에 모여 옹기종기 앉았을 때 기독교 역사상 가장 영향력 있는 말씀으로 그들을 가르치셨다. 내가 이 책에서 제시하려는 '기독교 선언'은 이때 선포하신 내용이며, 이 설교는 누가복음 6장에 기록되어 있고 "산상설교"와 구분해 흔히 "평지설교"로 알려져 있다. 무엇보다 이 말씀은 정치적 구호나 이윤 추구를 위한 목적에서 비롯한 것이 아니며 관계적이며 개인적인 차원에서 이루어진 선언이다.

(ESV 기준) 725개의 단어로 작성된 이 선언은 길이가 평균적인 미국 대통령 취임연설문의 3분의 1이

채 못 된다. 그러므로 물론 이 선언은 모든 분야를 망라하지 않는다. 다시 말해, 그리스도를 안다고 하는 사람들이 어떻게 해야 그분을 기쁘시게 할 수 있는지에 대해 종합적으로 다루지 않는다는 뜻이다. 오히려 이 선언은 원리만을 언급한다. 예수님은 자신의 입을 열어 선언하는 설교의 첫 문장에서 "최고의 삶, 참으로 복이 있는 삶을 어디서 찾아야 하는가"라는 질문에 대한 답변을 직설적으로 언급하신다.

"너희 …한 자는 복이 있나니."

그 나라의 복

우리가 "복이 있나니"(blessed)로 번역하는 단어는 "얼마나 큰 복인가!" 또는 "얼마나 큰 특권인가!"라는 뜻이다.(주1) 우리 모두 보기만 해도 이런 생각이 드는 사람들을 알고 있다. "당신의 삶은 참으로 멋집니다. 모든 게 당신을 위한 맞춤 같아요. 정말 행복하겠군요!

복 받으셨어요!" 곧바로 누군가 떠오를 것이다. 우리가 복이 있다고(복 받았다고) 생각하는 사람들은 대체로 부자이거나 성공한 사람이거나 힘 있는 사람이거나 인기 있는 사람이다. 예수님은 다르게 생각하셨다. 예수님은 제자들 곧 그분을 따르는 자들을 바라보시면서, "너희 …한 자는" 복이 있다고 하신다. 부자도 아니고 성공한 사람도 아니며 인기 있는 사람도 아니고 권력자가 아닌데도 그렇게 말씀하셨다.

왜 이들이 복이 있는가? 간단히 말해, 이들은 하나님 나라의 백성이기 때문이다. 하나님 나라는 누가복음의 큰 주제 가운데 하나다. 누가복음에서 예수님은 하나님 나라를 (내 계산으로) 30회 정도 언급하신다. 예수님은 하나님 나라를 '선포'하셨다. 예수님은 제자들에게 이렇게 말씀하셨다. "내가 다른 동네들에서도 하나님의 나라 복음을 전하여야 하리니 '나는 이 일을 위해 보내심을' 받았노라"(눅 4:43). 예수님은 자신이 행하신 이적들을 통해서도 하나님 나라를 드러내셨다. 다시 말해, 평지설교를 들으러 모인 사람들은 "예수의 말씀도 듣고, 또 자기들의 병도 고치고자 하여 몰려온 사람들이다"(6:18, 새번역). 예수님이 병자를 고치고 치유하시는 여러 이적들 속에서 그분의 영원한 나라가 무엇과 같은지 언뜻 드러난다. 즉 그 나라는 이생의 잘못된 것들이 모두 바로잡히는 곳이다. 예수님은 자신이 십자가에 못박혀 죽으시고 무덤에서 부활하시는 일을 통해서도 하나님 나라를 보여 주셨다. 이를 테면, 예수님과 함께 십자가에 달린 강도는 예수님이 누구이며 무슨 권세가 있는지 깨닫고 예수님께 "당신의 나라에 임하실 때에" 자신을 기억해 달라고 부탁했다(눅 23:42). 그 나라는 영원한 나라이며, 어느 날 완전하게 임할 테지만 지금 이 세상에서도 그 나라의 백성이 있는 모든 곳에 존재한다(눅 17:20-21).

예수님은 평지설교에서 이미 이 땅에 임한 하나님 나라의 삶을 묘사하신다. 그분은 이렇게 시작하신다. "너희 가난한 자는 복이 있나니 하나님의 나라가 너희 것임이요"(눅 6:20). 다음 장에서 이 부분을 다시 살펴볼 테지만, 이 선언에서 예수님은 복이 있는 삶과 하나님 나라의 시민권을 연결하신다. 여기 우리가 살고 또 누리도록 작정된 삶이 있다. 예수님의 이어지는 말씀을 통해 계속 살펴보겠지만, 우리를 위해 준비된 복이 있는 삶에는 만족과 웃음과 기쁨이 있다. 만족과 웃음과 기쁨은 광고주들과 정치인들이 그들의 광고와 구호에서 우리에게 주겠다고 약속하는 것 (그러나 광고와 구호로만 끝나는 것)의 완전한 구현이다.

초대

따라서 누가복음 6장의 평지설교는 최고의 삶을 경험하라는 예수님의 초대장이다. 평지설교에서, 예수님은 우리가 이 세상에 살면서 그분의 나라, 잘못된 모든 것이 바로잡히는 나라에서 산다는 게 무엇과 같은지 설명하신다.

    분명 주님은 우리가 어떻게 하나님 나라에 들어

가는지 설명하시는 게 아니라 어떻게 그 나라에서 사는지 설명하신다. 종교개혁자 마르틴 루터가 이 단락에 관해 말했듯이, "그리스도께서는 이 설교에서 우리가 어떻게 그리스도인이 되는지에 관해 아무것도 말씀하지 않고 이미 그리스도인이고 은혜의 상태에 있지 않으면 그 누구도 할 수 없고 맺을 수 없는 일과 열매에 관해 말씀하실 뿐이다."(주 2) 그러므로 이 설교는 그리스도인이 되는 길이 아니라 이미 그리스도를 따르는 자가 된 우리가 마땅히 걸어가야 하는 길을 제시한다. 예수님은 누가복음 뒷부분에서 제자들에게 이렇게 말씀하신다. "누구든지 하나님의 나라를 어린아이와 같이 받아들이지 않는 자는 결단코 거기 들어가지 못하리라"(눅 18:17).

예수님의 영원한 나라, 만족과 웃음과 기쁨이 있는 나라에 들어가는 것은 우리가 그분의 손에서 받는 것일 뿐 우리 손으로 획득하거나 움켜쥐어야 하는 게 아니다. 어린아이처럼, 우리는 그분께 나아와서 그 나라에 들어가는 것을 선물로 받을 뿐이며, 우리가 행하고 성취한 모든 것을 그분께 대가로 가져가 획득하는 게 아니다. 그러나 여기 이 설교에는 "그분께 나아와 그 나라를 그분에게서 받는다"는 것이 무엇을 의미하는지 또 오늘날 그 나라에서 사는 것이 무엇인지에 대한 개요가 담겨 있다. 이 설교는 모든 것을 세세하게 다루지 않지만 변화를 일으킬 만큼 영향력이 있다. 그 나라의 시민권이 우리를 안에서부터 어떻게 변화시키는지 보여준다.

도전

예수님이 여기서 우리에게 하시는 말씀은 급진적이다. 다시 말해, 예수님을 믿으면 새로운 방식으로 살지 않을 수 없을 뿐 아니라 그렇게 살 수 있게 되며, 이러한 삶은 주류 문화를 거스르고 상식을 거스르기 일쑤다. 그렇기에 평지설교는 초대일 뿐 아니라 도전이기도 하다. 예수님 나라의 특징과 우선순위는 이 세상의 특징과 우선순위와 다르다. 따라서 그 나라 시민들도 달라야 한다. 예수님의 부르심은 깊고 넓으며, 우리가 당연하게 생각하는 모든 것을 거꾸로 뒤집으라고 요구한다. 여기서 우리는 진정한 그리스도인의 표식을 발견할 것이다. 누구라도 참으로 예수님 나라의 시민이라면 달라지지 않을 수 없다. 예수님은 이렇게 말씀하신다. "나는 너희가 다른 사람들이 행복해 하는 것들과는 다른 것들에 행복해 하길 바라며, 다른 사람들이 으레 슬퍼하지 않는 것들에 슬퍼하길 바란다. 나는 너희가 세상이 약하고 비효율적이라고 여기는 것에 야망을 두길 바란다. 나는 너희가 사람들을 대할 때 그들에게 도무지 이해되지 않을 뿐더러 때로 너희에게도 그다지 이해되지 않는 방식으로 대하길 바란다. 나는 너희가 자신의 결정과 반응과 삶을 평가하는 (세상의 기준과는) 다른 기준을 소유하길 바란다. 나는 너희가 다르길 바란다."

예수님은 21세기 광고회사에 오래 근무하지 못하실 것이다. 자신의 부름에 응답하기가 쉬운 척하지 않으시기 때문이다. 예수님은 21세기 정치인으로서도 잘 나가지 못하실 것이다. 청중에게 아첨하지 않고 자신의 기준에서 타협하지 않으시기 때문이다. 그러나 예수님은 광고인도 아니고 정치인도 아니다. 예수님은 영원한 왕이었고 영원한 왕이며, 상품을 팔지 않을 뿐더러 표를 구걸하지도 않으며, 그분의 나라를 선포하고 설명하실 뿐이다.

이 때문에, 나에게 이 설교가 그 어느 말씀 못지않게 어렵다. 그리스도의 이 선언은 우리가 응당 살도록 지음 받은 삶을 설명한다. 그러나 이 선언은 나와 주변 세상이 본능적으로 추구하는 방식과 다르게 살라는 도전이다.

변화를 일으키라는 부르심

그러므로 이 부르심, 곧 예수님 나라에서 사는 복을 누리라는 부르심은 "달라지라"는 부르심이다. 이것이 바로 이 세상에서 진정한 변화를 가져오는 열쇠인 이유이다. 광고주들은 돈을 많이 벌 테고 정치인들은 권력을 손에 넣을 테지만, 예수님 나라의 시민들은 영원한 변화를 가져올 수 있다. 우리는 예수님 나라의 기준과 가치를 진지하게 받아들이고 삶에서 그 기준과 가치를 드러내는 만큼, 광고와 정치가 약속하는 것을 뒤쫓는 삶의 대안이자 이보다 훨씬 나은 삶을 주변 세상에 제시할 것이다. 우리는 존 스토트 목사가 "기독교 반문화"(a Christian counterculture)라고 규정한 삶, 즉 더 힘들고 더 불편하지만 세상이 줄 수 없는 만족을 주고 기쁨이 넘치며 영원한 삶을 제시할 것이다.(주 3)

베드로 사도는 2천 년 전 그날에 평지에 앉아 "너희 가난한 자는 복이 있나니 하나님의 나라가 너희 것임이요"로 시작하는 예수님의 설교를 들은 많은 무리 중 하나였다(눅 6:20). 수년 후, 베드로는 예수님이 말씀하신 나라의 시민들을 묘사하면서 하나님이 그분의 구약 백성을 묘사한 부분으로 되돌아간다.

그러나 너희는 택하신 족속이요 왕 같은 제사장들이요 거룩한 나라요 그의 소유가 된 백성이니 이는 너희를 어두운 데서 불러내어 그의 기이한 빛에 들어가게 하신 이의 아름다운 덕을 선포하게 하려 하심이라 너희가 전에는 백성이 아니더니 이제는 하나님의 백성이요 전에는 긍휼을 얻지 못하였더니 이제는 긍휼을 얻은 자니라(벧전 2:9-10).

베드로는 이렇게 말하고 있다. 우리는 자신이 누구인지 알아야 합니다. 우리는 외국인이요 외부인입니다. 그러므로 이 세상에 속하지 않은 사람들로서, 우리의 욕망을 비롯해 우리가 이 세상의 다른 모든 사람과 똑같이 살고 싶게 만드는 모든 것에 맞서 싸우길 그치지 말아야 합니다. 우리가 이 세상과 다르게 살 때에야 주변 사람들이 (비록 우리를 비난하고 비웃을지라도) 실제로 우리를 통해 하나님의 선하심을 보게 되고 예수님이 다시 오실 때 그분께 영광을 돌릴 것입니다(11-12절, 필자가 풀어썼다).

우리가 주변 사람들에게 제시해야 할 가장 큰 복은 예수님 나라이며, 이들에게 그 나라를 말할 권리를 얻는 가장 좋은 방법은 그 나라를 이들에게 보여주는 것이다. 현대 기독교가 무기력한 가장 큰 이유는 우리가 예수님을 왕으로 따를 때 그분이 우리에게 요구하시는 급진적 변화를 진지하게 받아들이지 못하기 때문이다. 우리 시대의 교회는 유혹에 넘어가기 일쑤다. 그 유혹이란 예수님의 말씀을 듣는 사람의 귀에 더 달콤하고 덜 부담스럽게 들리도록 다듬고 정작 필요한 단서조항을 누락하고 빠져나갈 구멍을 찾을 수 있도록 그 말씀에 물을 타고 싶은 것이다.

수십 년 간, 우리는 비그리스도인 친구들에게 가서 이렇게 말할 수 있다는 것을 자랑스럽게 여겼다. "그거 아세요? 우리는 여러분과 다르지 않답니다." 그러면 친구들은 이렇게 말한다. "그거 아세요? 나는 여러분이 절대적으로 옳다고 생각한답니다!" 그러나 사람들이 교회에서 자신들과 다른 부분을 전혀 볼 수 없다면 굳이 교회에 귀 기울여야겠다고 생각할 이유가 없다.

우리는 이 세상과 같이 되라고 부르심을 받은 게 아니다. 세상이 필요로 하는 것도 우리가 세상처럼 되는 게 아니다. 우리는 말해야 할 더 좋은 게 있다. 우리에게는 따라야 할 더 좋은 분이 계시기 때문이다. 당신과 나를 향한 그리스도의 부르심이 매우 흥분될 뿐 아니라 매우 도전적이라는 뜻이다. 이 부르심은 편안하라는 게 아니라 그리스도처럼 되라는 것이다. 진정한 복을 경험하는 놀라운 길을 발견하고, 그러면서 다른 사람들도 그 길로 인도하라는 것이다.

그러므로 예수님의 평지설교에서, 우리는 진정한 기독교란 무엇이며 어떻게 살아가는지 설명하는 선언을 살펴볼 것이다. 진정한 기독교는 뒤집어 바로 세운다. 놀랍고 경이롭다. 도전을 주고 자유롭게 한다. 최고의 삶, 곧 복이 있는 삶이며 그 나라의 삶이다.

평지설교 2

가치 전복

"너희 가난한 자는 복이 있나니
하나님의 나라가 너희 것임이요"(눅 6:20).

다음 두 가지 중 하나를 선택해야 한다면 어느 쪽인가? 첫째, 가난하고 배고프며 슬프고 미움을 받는다. 둘째, 부유하고 배부르며 행복하고 인기가 많다. 예수님은 모순처럼 들리지만 진정한 복은 이 세상에서 우리에게 행복을 약속하는 모든 것에 등을 돌리는 데서 출발한다고 말씀하신다.

예수께서 눈을 들어 제자들을 보시고 이르시되 너희 가난한 자는 복이 있나니 하나님의 나라가 너희 것임이요 지금 주린 자는 복이 있나니 너희가 배부름을 얻을 것임이요 지금 우는 자는 복이 있나니 너희가 웃을 것임이요 인자로 말미암아 사람들이 너희를 미워하며 멀리하고 욕하고 너희 이름을 악하다 하여 버릴 때에는 너희에게 복이 있도다 그 날에 기뻐하고 뛰놀라 하늘에서 너희 상이 큼이라 그들의 조상들이 선지자들에게 이와 같이 하였느니라(눅 6:20-23).

예수님은 비기독교 세계의 가치 체계와는 완전히 다른 가치 체계를 말씀하신다. 지금 우리가 살고 있는 세계는 우리를 향해 외친다. "네 스스로가 너의 기준이 되어라. 네 자신이 누구보다 먼저다. 네 자신을 최고의 가치로 삼아라. 네가 원하는 방식으로 행복을 찾아라." 진로를 결정하거나 직장을 옮기고 누군가와 진지한 만남을 시작하고 삶의 방향을 크게 전환하려는 결정 뒤에는 언제나 이런 가치 기준이 권장되고 있다. 이 기준에 따라, 인생의 대소사를 결정하고 온갖 것의 동기로 삼는다. 자신의 갈망에 솔직하고 자신이 수긍할 수 있는 진리를 찾으며 자신에게 가장 좋은 것을 약속하는 삶을 살라고 요구한다. 그러나 사실 이것은 이기심의 반영일 뿐이다.

예수님은 진정으로 복이 있는 삶은 전혀 다른 길을 통해서만 온다고 말씀하신다. 그 길을 걷고자 할 때, 우리는 세상이 멸시하던 것을 높이는 선택을 해야 하고 세상이 추앙하는 것을 거부하는 선택이 필요하다고 하신다. 예수님은 가장 먼저 "너희 가난한 자는 복이 있나니"라고 하시며 우리 시대의 모든 사람에게 신망 받는 신념을 즉시 반박하신다.

예수님의 이 말씀이 무슨 뜻인가?

재물의 문제

예수님은 가난한 자는 모두 구원받는다거나 부자는 아무도 구원받지 못한다고 말씀하시는 게 아니다. 만약 그렇다면, 루디아 같은 성공한 사업가는 절대로 복음의 진리에 눈길을 주거나 마음을 열지 않았을 것이다(행 16:11-15). 오히려 예수님은 풍요보다 가난이 복음에 훨씬 큰 반응을 불러일으킨다고 말씀하신다. 가난은 우리가 의존적인 피조물이라는 사실을 일깨우고 풍요는 우리가 스스로 부족함이 없다는 거짓말을 믿게 만들기 때문이다. 이것이 바로 외적 가난이 영적으로 복을 받는 방편이 될 수 있는 이유다. '외적'이라 함은 물질적인 것은 물론이고 우리가 최근에 더욱 중시하게 된 육체적인 것들도 포함한다. 만일 우리가 육체적으로나 물질적으로 가난하다면 그와 더불어 영적인 면에 있어서도 우리가 당연히 하나님께 전적으로 의존할 수밖에 없음을 깨닫게 하기 때문이다.

복음서를 읽으면서 부자들이 예수님을 따르는 게 어렵다는 (불가능하지는 않더라도 매우 어렵다는) 것을 확인했는가? 누가복음 뒷부분에 등장하는 젊은 부자 관리가 그랬다. 그는 구도자이며 예수님께 달려와 무릎을 꿇고 묻는다. "선한 선생님이여 내가 무엇을 하여야 영생을 얻으리이까"(눅 18:18). 여기까지는 아주 좋다. 그러나 잠시 후, 그는 심히 근심하며 예수님을 떠난다(23절). 왜? 예수님이 그에게 자신의 재물과 구원자 중에 하나를 선택하라고 하셨기 때문이다. 큰 부자였던 젊은 관리는 자기에게 있는 것을 다 팔아 사람들에게 나눠주라는 예수님의 제안을 거절하고 말았다. 그는 재물을 선택했다. 이 결정으로, 그는 실제로 심각한 근심에 빠졌을 뿐 아니라 영생으로 향하는 길에 등을 돌렸다. 예수님은 이 순간을 활용해 제자들에게 재물에 관해 교훈하신다. "재물이 있는 자는 하나님의 나라에 들어가기가 얼마나 어려운지"(24절). 뒤이어 깜짝 놀랄 그림을 제시하신다. "낙타가 바늘귀로 들어가는 것이 부자가 하나님의 나라에 들어가는 것보다 쉬우니라"(25절).

(나는 실조차 바늘귀에 꿰지 못한다) 그런데 낙타가 바늘귀를 언제든지 너끈히 통과할 수 있다고 누군가 확신한다면 그 사람은 재물이 그리스도인의 삶에 잠재적 위험이 아니라고 생각할 수 있다. 하지만 평지설교에서 예수님은 이 사안에 대해 도전적이고 노

골적으로 말씀하신다. "화 있을진저 너희 부요한 자여"(24절). "제자의 많은 무리와…많은 백성"(17절)을 가르치던 예수님은, 자기를 따를 때 임하는 복에 대해 말씀하기 시작하실 때는 "눈을 들어 제자들을 보셨다"(20절). 이제, 내가 보기에는, 가난한 자들에 대해 언급하신 다음 부자들을 향해 말씀하실 때는, 시선을 곁에 있는 제자들에게서 돌려 많은 무리를 향하셨던 것 같다. 분명 예수님은 제자들에게 말씀하고 계셨던 게 아니다. 제자들은 부자가 아니었기 때문이다. 예수님은 그분께 관심이 있으나 이런저런 이유로 그분을 받아들이길 주저하는 자들에게 경고하고 계셨다.

예수님은 이들에게 (그리고 우리에게) 경고하고 계신다. 하나님보다 재물이 중요하다면, 우리의 마음이 하나님을 예배하는 일보다 재물을 쌓는 일에 휘둘리게 둔다면, 우리에게 "화"(woe)가 있을 것이다. 필립스 성경의 표현대로 비참함(misery)이 닥칠 것이다. "화"는 매우 충격적인 단어다. 일상에서 쉽게 쓰는 단어도 아닐 뿐더러 누군가를 욕할 때 쓰는 단어도 아니다. 화(禍)는 복의 반대다. 이 단어에는 불쌍히 여기는 마음이 담겨 있다. "정말 끔찍하네요! 얼마나 무서운 일입니까! 아주 실망스럽겠군요!" 왜 부자들이 화를 당하는가? 부자들은 "너희의 위로를 이미 받았"(24절)기 때문이다.

세상으로부터 위로를 받은 부자라면 그 누구도 그리스도로부터 아무 위로도 받을 수 없다는 게 아니다. 그러나 예수님은 우리가 부자라면 위로를 우리의 재물에서 찾지 않기가 어렵고, 해결책을 우리의 돈에서 마련하지 않기가 어려우며, 안전을 우리의 은행 잔고에 기대지 않기가 어렵다고 경고하신다.

정말 어리석은 자

누가복음 12장에서 예수님은 하나님이 어떤 사람을 "어리석은 자"(눅 12:20)라고 부르시는지 설명하신다.

어떤 사람이 자신이 연루된 형제간의 유산 분쟁에 개입해 달라고 예수님께 부탁한다. 예수님은 그에게 이렇게 답하신다. "이 사람아, 내가 너희 재판관이나 재산 나누는 사람인 줄 아느냐?" 하시고 군중을 향해 이렇게 말씀하신다. "너희는 온갖 욕심을 조심하라. 제 아무리 넉넉하다 해도 사람의 생명이 재산에 달려 있는 것은 아니다"(눅 12:14-15 새번역). 예수님은 이 사람과 그 형제들이 위험에 처했음을 재차 강조하기 위해 그 유명한 비유를 이들에게 들려주신다. 어느 부자가 곡식을 풍성하게 거둔 후 스스로에게 이렇게 말했다. "올해 농사는 대풍인걸. 곳간을 헐고 새로 지어야겠어. 그런 후 내게 이렇게 말해 줘야지. 전부 저장했고 은행 잔고도 넉넉하니 쉬면서 골프나 즐기게. 여러 해 쓰고도 남을 좋은 것들이 차고 넘치네. 그러니 편하게 살아! 먹고 마시며 즐기라고."

하나님이 그에게 말씀하셨다. "어리석은 자여"(20절). 왜 어리석은가? 하나님이 "오늘 밤에 네 영혼을 도로 찾으리니 그러면 네 준비한 것이 누구의 것이 되겠느냐?"(20절).

예수님은 이것이 유산 분쟁을 벌이던 형제들에게 적용된다는 것을 분명히 하며 말씀하신다. "자기를 위하여 재물을 쌓아 두고[두는]…자가 이와 같으니라"(21절). 이게 전부가 아니다. 예수님이 이렇게만 말씀하셨다면 우리는 모두 청빈 서약을 하고 극한 가난을 받아들여야 할 것이다. 예수님은 "자기를 위하여 재물을 쌓아 두고[두는]…자가 이와 같으니라"고만 말씀하지 않고 "하나님께 대하여 부요하지 못한 자가 이와 같으니라"(21절)고도 말씀하신다. 예수님은 이렇게 경고하신다. "하나님께 재물을 쌓는 게 아니라 이 땅에 재물을 쌓는 데 너희의 가장 좋은 것을 바친다면 너희에게 화가 있으리라. 하나님이 주시는 영원한 부를 신뢰하지 않고 너희가 이 땅에서 얻은 부를 신뢰한다면 너희에게 화가 있으리라. 너희가 경제적 성공과 물질적 번영이 너희 인생의 열쇠라고 생각하고, 이 때문에 너희에게 하나님이 필요함을 인정하지 못한다면 너희에게 화가 있으리라. 스스로 생각하기에도 너무 풍족해 하나님께 달려가길 거부한다면 너희에게 화가 있으리라." "너희는 너희의 위로를 이미 받았"기 때문이다(눅 6:24). 바꾸어 말하면, 너희는 받을 거 다 받았다. 이것은 말썽쟁이 자식이 아무 가치도 없는 것에 용돈을 다 쓰고 아버지한테 와서 더 달라고 하는데 이런 대답이 돌아오는 것과 같다. "누릴 거 다 누렸잖니."

왜 이것이 비참하게 되는 문제일까? 우리가 이생에서 모든 것을 다 가진다면 내세에 아무것도 갖지 못하기 때문이다. 영원히 후회할 사안이다. 그러나 다른 한편으로, 우리가 이생에서 가진 것이 재물뿐이라면 사실 가진 게 거의 없기 때문이다.

몇 년 전 젊은 커플의 결혼식 주례를 맡았던 적이 있다. 신랑은 증권 중개인이었다. 나는 그에게 최근에 직장에서 인상 깊었던 일이 있었느냐고 물었다.

그는 이렇게 대답했다.

"최근에 아주 큰 신규계좌를 열었습니다. 어떤 분이 부인과 함께 와서 제게 400억 원을 맡겼습니다."

"그게 왜 인상 깊었나요?" 내가 물었다.

그는 이렇게 답했다. "남편분이 화장실에 갔을 때, 아내 분이 제게 털어놓았습니다. 자신들의 결혼생활은 그야말로 엉망진창이며, 돈이 자신들에게 골칫거리고, 자신들은 살아가는 이유를 잃어버렸으며, 재물 때문에 오히려 전전긍긍하고, 자녀들이 그것을 놓고 서로 다투는 게 가장 큰 걱정이라고 했습니다."

어떤 사람이 가진 게 세상의 재물뿐이라면 그는 정말 비참하다. 예수님은 말씀하신다. "화 있을진저 너희 부요한 자여." 너희는 이미 상을 받았으며, 그 상은 별게 아니었다.

지금껏 살았던 사람들과 살고 있는 사람들을 이 생에서 소유한 재물에 따라 순위를 매긴다고 상상해 보라. 당신이 도시에 살며 이 책을 읽고 있다면 상위 1퍼센트에 속할 가능성이 높다. 그러므로 예수님의 약속을 이 땅에서 누리려면 그분의 말씀이 주는 도전을 받아들여야 한다. 너무나 많은 사람들이 온 마음을 다해 그리스도를 따르는 데 실패한다. 재물에

막혀 마음을 돌이키지 못하기 때문이며, 결국 우리의 왕을 기쁨으로 의지하는 복을 알지 못하기 때문이다. 오늘의 우리는 너무나 부유하다. 우리가 가진 것 때문에라도 자신만만하다. 우리가 성취하고 현재 꽉 쥐고 있는 것들을 자랑 삼아 설명하느라 숨이 가쁘다. 우리가 얼마나 의존적이며 얼마나 취약한 존재인지 깨달을 새가 없다. 그러므로 왕께 손을 내밀기 위해 자기 신뢰를 포기하는 일에 실패하고 만다. 우리의 친숙한 통찰은 가까이에 있고 그분의 명령은 너무나 멀리 있다.

16세기 목회자요 신학자 장 칼뱅은 이것을 이렇게 표현했다. "아무것도 아니게 되어 하나님의 자비를 의지하는 자만이 가난한 자다."(주4) 그리스도인이란 심령이 가난하며 자신에게 가장 필요한 것을 구할 능력이 스스로에게 없음을 엎드려 인정하는 사람이다. 재물이 결코 만족을 주는 신이 아닐 뿐더러 우리의 능력과 자원으로 삶을 통제할 수 있다는 보장이 될 수 없음을 인정하기에, 우리는 빈 손으로 나아가 하나님 나라에서 허락되는 복을 누린다. 우리는 영적으로 가난하다는 사실을 인정해야 그 나라에 들어갈 수 있으며, 물질적 풍요에 연연하지 않을 때라야 그 나라를 누릴 수 있다. 바울은 디모데에게 이렇게 권면한다. "자족하는 마음이 있으면 경건은 큰 이익이 되느니라 우리가 세상에 아무 것도 가지고 온 것이 없으매 또한 아무 것도 가지고 가지 못하리니"(딤전 6:6-7). 모든 것을 하나님이 허락하신 선물로 누리면서도 자신에게 하나님이 절대적으로 필요함을 잊지 않는 사람은 참으로 행복할 자격이 있다.

사랑받는 문제

사랑받는다는 건 누구나 원하는 바다. 우리 대부분은 음식에 굶주리는 일은 없어도 사랑에 굶주리는 날들은 적지 않다. 게다가 그리스도인으로서 우리는 사랑받는 것은 고사하고 수시로 미움을 받기까지 한다. 우리는 이런 상황을 달가워하지는 않는다. 놀랍게도 예수님은 이런 미움을 받는 자의 삶이 복이 있다고 선언하신다. 전제는 있다. 인자로 말미암을 때다. "인자로 말미암아 사람들이 너희를 미워하며 멀리하고 욕하고 너희 이름을 악하다 하여 버릴 때에는 너희에게 복이 있도다"(눅 6:22). "나 때문에 사람들이 너희를 왕따시키고 멸시하고 심지어 저주할 때에는 너희에게 복이 있도다." 예수님은 우리가 (매정하거나 밉살스럽거나 모질어서가 아니라) 그분과의 관계 때문에 배척당하거나 비난받는 상황을 말씀하고 계신다. 우리가 예수님 편에 서면, 사람들이 우리를 사랑하지 않는다는 것을 머잖아 알게 될 (어쩌면 이미 그렇게 되었을) 것이다.

이미 이러한 일들을 경험하고 있다면, 우리를 미워하고 조롱하는 그 누군가에게 떨리는 입술로 이렇게 말한 적이 있을 것이다. "나는 예수님이 유일한 구원자 되시며 하나님 앞에서 우리가 의롭다 하심을 얻도록 중재하실 유일한 분이라고 믿습니다." 이와 같은 고백을 했다는 이유로 그리스도인인 우리는 사람들로부터 조금씩 외면을 당하고 함께 어울리던 무리로부터 밀려나는 것을 느낀다. 이보다 안 좋은 일도 겪는다. 이런 일은 사무실과 학교와 동네 등을 구분하지 않고 일어난다. 상황이 점점 나빠진다고 느낄 때 우리의 자연스런 반응은 사람들을 되도록 자극하지 않으면서 가능한 친근함을 방패로 다가가려 시도하는 것이다.

하지만 그리스도인의 반응은 조금 달라야 한다. 그리스도인으로서 우리는 진리를 고수하고 이를 위해 가장 필요한 말을 해야 한다. 즉 이런 것이어야 한다. "예수님은 주님이시며, 누구든지 그분께 나오는 자에게 구원을 제공하시지만, 누구든지 반드시 그분께 나와야만 합니다." "다른 이로써는 구원을 받을 수 없나니 천하 사람 중에 구원을 받을 만한 다른 이름을 우리에게 주신 일이 없음이라 하였더라"(행 4:12). 이것이 최초의 그리스도인 제자들이 전한 메시지였으며, 이들은 우리가 받을 법한 것보다 더 심한 미움과 멸시를 받았으나 우리가 예상하지 못할 만큼 충만한 기쁨을 누렸다. 하나님 나라의 진리를 말했다는 이유로 미움을 받을 때 우리는 이것을 기뻐할 이유로 여겨야 한다. 진리를 말했다는 이유로 이와 같은 처우를 받는다는 것은 우리가 참으로 하나님 나라의 시민이라는 표식이며, 이미 그분의 나라의 일원이라면 우리는 지금 그리고 영원히 꺼지지 않을 생명을 소유한 자들이다. 우리가 누릴 기쁨은 사람들이 우리에게 매기는 평판에서 비롯하지 않는다. 그렇기 때문에 우리가 믿음 때문에 미움을 받고 멸시를 당하더라도 우리에게 약속된 복은 사라지지 않을 것이다.

반대로, 사람들로부터 사랑받는 것에 얽매이게 된다면 그것은 "화"를 자초하는 길이다. 예수님은 "모든 사람이 너희를 칭찬하면 화가 있도다"(26절)라고 경고하셨다. 우리 시대의 주류 문화를 거스르는 말씀이다. 예수님이 지적하시듯, 이 세상에서 모든 사람에게 사랑을 받는 자들은 진리를 말하는 자들이 아니라 언제나 "거짓 선지자들"이다. 우리가 한 입으로 두

말 하지 않는다면, 이 사람에게 이렇게 말하고 저 사람에게 저렇게 말하면서 사람들이 듣고 싶은 것을 말하지 않는다면, 모든 사람에게 좋은 말을 듣기란 불가능하다. 거짓 선지자들이 바로 이런 짓을 했다. 침략이 임박했을 때 평화를 외쳤고, 하나님이 사람들의 불의와 위선에 진노하셨을 때 이들은 형통을 외치며 안심시켰다. 모든 사람에게 좋은 말을 듣고 싶다면 우리의 우리의 원칙을 내버려야 할 것이다. 예수님은 호감을 얻기 위해 진리를 내버리고 자신까지 잃는 것은 비참한 일이라고 하신다.

그리스도인들이 울다

예수님은 재물과 명성을 좇는 자들을 경고하시는데, 이 경고 사이에 다른 경고 두 가지가 더 있다. 첫째 경고는 "너희 지금 배부른 자"를 향한다.

바꾸어 말하면, 예수님은 이렇게 경고하신다.

"하나님이 필요 없다는 착각에 빠져 있는 너희에게 화가 있으리니, 어느 날 너희가 굶주릴 것이기 때문이다." 여기 모든 사람을 알며 모든 사람의 호감을 얻는 사람이 있다. 그는 절대로 친구가 부족하지 않으며, 모든 곳에 늘 초대받고, 행사장 입구에서 줄을 설 필요도 없다. 그는 모든 것을 다 가진 것 같으며 스스로도 자신이 모든 것을 다 가졌다고 확신한다.

마음 깊은 곳에서 우리 역시 이런 사람이 되는 상상을 해본다. 우리 사회가 이런 사람이 되는 일에 나서도록 모두를 부추기고 있다. 그러나 앞에서 언급한 것들이 한 사람이 가진 전부라면 그는 결국 믿을 수 없을 만큼 굶주리게 될 것이다. 이 세상에서 성공을 거머쥔 것 같은 사람들은 흔히 스스로 부족할 게 없는 사람들이며, 스스로 부족할 게 없는 사람들은 자기 만족에 취하는 경향이 있다. 이들은 삶이 자기에게 나쁜 쪽으로 돌아서지 않을 것이며, 절대로 "주리지" 않을 것이라고 확신한다. 지금 이 상태로 계속 갈 것이므로 자신에게 누군가가 필요함을 인정하지 못한다. 부족함이 없으니 무엇인가를 제공해 줄 그 누구도 필요하지 않다고 생각한다. 착각이다. 이들은 자신이 어리석은 자로 살았음을 뒤늦게 깨달을 것이다. 어느 날 생명이 다할 때쯤 이들에게는 영구적이며 채워지지 않을 굶주림만 남을 것이기 때문이다. 영원한 목마름을 상상할 수 있겠는가? 절대로 멈추지 않을 굶주림 때문에 느낄 공허감을 상상할 수 있겠는가? 절대로 달래질 수 없는 외로움과 함께하는 고독을 상상할 수 있겠는가?

예수님은 우리 삶의 궁극적 실체들에 대해 말씀하신다. 거기에 영생도 포함이다. 예수님은 지금 우리에게 진정한 복이 있으려면 그분의 하나님 되심과 우리의 영원성에 시선을 맞추고 살아야 한다고 말씀하신다. 우리의 인생이 결국 어떻게 될 것인가라는 문제를 해결해야 지금 진정으로 복이 있는 삶을 누릴 수 있다. 역설적이게도, 사는 법을 배우는 길은 어떻게 죽느냐와 죽음 너머에 무엇이 있는가라는 문제를 해결하는 것이다. 그러므로 "지금 주린 자," 곧 이 세상이 주지 못하는 것과 스스로 공급할 수 없는 것에 주린 자는 "복이 있나니 너희가 배부름을 얻을 것"이다. 이생의 즐거움에 빠져 살지 않는 자, 이생에서 결국 실망스러운 것에 눈멀지 않은 자, 그러므로 더 많은 것에 굶주린 자는 참으로 복이 있다.

이는 예수님의 또 다른 경고, 즉 삶을 웃음으로 대하는 경솔한 태도에 대한 경고로 이어진다. "화 있을진저 너희 지금 웃는 자여 너희가 애통하며 울리로다"(25절). 이번에도 예수님은 그분의 백성이란 절대로 웃지 않는 사람들이라고 말씀하시는 게 아니다. 웃음은 하나님의 선물이다. 웃음은 하나님이 주시는 놀라운 복에 대한 올바른 반응이다(창 21:6, 시 126:2을 보라). 예수님이 여기서 지적하시는 것은 어리석은 자들의 웃음이다. 다시 말해, 모든 것을 우습게 만들고 그 무엇도 진정으로 웃을 가치가 없게 만드는 태도다. 삶에서 진지함 따위는 잊고 가볍게 살기로 작정한 터라, 변하지 않는 실체를 똑바로 응시하기를 거부하는 사람의 마음 자세다. 그러나 타락한 이 세상의 삶은 희극뿐 아니라 비극도 들어 있다. 그러니 웃을 일만 고집하는 사람은 위로나 배려하는 일에 무관심하며, 정작 자신이 처한 상황이 자신의 얼굴에서 미소를 앗아갈 때 물러나 반추할 여유가 없다. 이런 까닭에, 전도서의 지혜자는 이렇게 말한다. "초상집에 가는 것이 잔칫집에 가는 것보다 나으니… 지혜자의 마음은 초상집에 있으되 우매한 자의 마음은 혼인집에 있느니라"(전 7:2, 4). 비극은 우리가 삶의 실체를 마주할 더 큰 기회다.

예수님은 말씀하신다. "지금 우는 자는 복이 있나니"(21절). 이 세상을 보는 시각이 확고해 삶에는 잔치뿐 아니라 장례도 포함된다는 사실을 받아들일 수 있는 사람, 고통 받는 자들을 위해, 고통 받는 자들과 함께 기꺼이 우는 사람에게 복이 찾아온다. 삶의 어둠을 헤아리는 자들만이, 어느 날 이 어둠이 지나가리라는 것을 아는 자들만이 하나님 나라가 완전하게 임하고 하나님이 우리의 눈에서 모든 눈물을 닦아주실 날을 고대하면서 기쁨의 순간을 진정으로 알 수 있기 때문이다. 그러므로 지금 기꺼이 우는 자들이 "[그 때] 웃을 것이다"(눅 6:21).

어느 쪽인가?

결론은 이렇다. 가난하고 주리며 울고 미움 받는 자들에게는 복이 약속된다. 부유하고 배부르며 경솔하고 모두에게 사랑받는 자들에게는 비참함이 선포된다. 세상이 볼 때 그리스도를 따르는 제자들에게는 패배자의 표식이 나타난다. 반면 경건치 못한 자들에게는 성공한 자들의 표식이 나타난다. 예수님은 이 대목에서 소위 모든 '아메리칸 드림'에 이끌려 사는 자들에게 화가 있으리라 선포하신다.

솔직히 우리는 너무 많은 것들에 에워싸여 있으며, 이 때문에 예수님이 여기서 하시는 말씀을 우리 삶에 적용하기가 어렵다. 그러나 그리스도인은 달라야 한다는 부르심을 받았다. 그 부르심에도 불구하고, 우리는 어디서나 부유하고 풍족하며 경솔하고 인기 있는 삶을 선택할 수 있다. 유일한 대가는 비참함과 예수님 없는 영원이다. 반대로, 우리는 지금 그리고 앞으로도 영원히 예수님과 함께하는 삶을 선택할 수 있다. 그것은 가난하고 굶주리며 슬프고 미움 받는 삶이며 참으로 복이 있는 삶이다. 우리 앞에는 그런 삶을 선택하기 정말 알맞은 곳이 있다. 십자가다. 십자가에서 주님은 모든 것을 버리셨고, 목마르셨으며, 고통 가운데 부르짖으셨고, 조롱 받으셨으나…이 모든 것을 우리를 위해 그리고 그분 앞에 놓인 기쁨을 위해 참으셨다(히 12:2). 우리가 정말이지 의존적인 존재이며 가난하고 누군가의 도움이 필요함을 고백하고 그분께 나아오는 것은, 이 땅에서 우리가 마주한 도전이다. 십자가에서 우리는 세상이 보기에 거꾸로 뒤집어졌으나 우리 구주께서 보시기에 똑바로 선 삶을 살 능력을 얻는다.

그리스도인은 가난하고 주리며 울고 미움을 받는다. 그러나 이것들과 함께 만족과 기쁨이 보장되기 때문에 우리는 참으로 복이 있다. 이것들은 하나님 나라의 삶을 선택한 우리에게서 드러나는 표식이다. 당신은 어느 쪽을 선택하겠는가? 가난하고 주리며 울고 미움 받는 삶인가, 아니면 부유하고 배부르며 경솔하고 인기 있는 삶인가? 그리스도가 선언하신 "복이 있는 삶"은 당연하고 모두가 선호하는 선택지에 있는 게 아니라 우리 시대의 주류 문화를 거스르고 기꺼이 괴로움을 감수하려는 선택지에 있다. 당신은 그리스도인인가?

평지설교 3

유별난 사랑

"너희 원수를 사랑하며"(눅 6:27).

그리스도인은 자신이 소유한 구원의 실체를 삶으로 나타내는 사람이다. 그리스도인은 자신의 믿음이 진실하다는 증거로 세례증서나 수년 전에 했던 결단이 아니라 지금 여기서 구현되는 삶을 제시한다. 그 중에서도 단순하지만 강력한 도전을 주는 그리스도인의 표식이 있다. 예수님은 이것을 짧게 세 마디로 표현하신다. "너희 원수를 사랑하라."

이 말씀을 들은 무리 가운데 누군가 자기 친구에게 이렇게 말하는 걸 상상해 볼 수 있다. "예수님이 방금 이렇게 말씀하신 거 맞지? 우리가 지금 우리의 원수를 사랑해야 한다는 거지?" 질문 받은 친구가 답한다. "잠깐만, 다른 뜻이 있을 거야. 말씀을 마저 들어야지." 그래서 이들은 예수님의 말씀에 귀를 기울인다. "너희를 미워하는 자를 선대하며(do good) 너희를 저주하는 자를 위하여 축복하며 너희를 모욕하는 자를 위하여 기도하라"(눅 6:26-27).

예수님은 그분을 따르려는 자들에게 단지 옳은 일뿐 아니라 선한 일을 하라고 가르치신다. 당연히 선한 일을 받을 자격이 있는 사람들이면 그렇게 되겠지만, 그럴 자격이 없는 사람들에게도 선을 행하라는 명령이다. 왜 그래야 하는가? "너희 아버지의 자비로우심" 때문이다(36절). 우리가 스스로 하늘에 계신 우리 아버지의 자녀라면서 그 하나님의 자비로우심을 나타내지 않고 원수들을 향한 사랑도 보여주지 않는다는 것은 불가능하지 않더라도 앞뒤가 맞지 않는다. 우리가 예수님을 따르는 자들이라고 고백하면서도 정작 우리에게 잘못하는 자들에게 "욕을 당하시되 맞대어 욕하지 아니하시고…오직 공의로 심판하시는 이에게 부탁하신" 예수님처럼(벧전 2:23) 응대하지 않는다는 것은 우리의 정체성을 부정하는 태도다.

따라서 여기서 핵심은 단순하다. 사랑이다. '사랑'이라면 누구라도 확신 있게 할 말이 있다. 시인, 수필가, 가수는 물론이고 누구라도 사랑에 대해 자기만의 주장이 있다. 나는 누군가 이렇게 말하는 것을 꽤 자주 듣는다. "당신에게 필요한 건 사랑뿐이에요"(all you need is love). 이 말을 하나님이 아니라 존 레논과 폴 매카트니가 했다는 사실을 제쳐두고라도, 이것은 어떤 의미에서 맞는 말이다. 우리는 분명히 미움보다 사랑이 필요하며, 미움이 세상에, 그리고 우리의 지역사회와 가정에 자행하는 일들을 잘 알고 있다.

그러나 사랑을 노래하는 것과 사랑이 무엇인지 아는 것은 다르며, 사랑하라는 명령을 실제로 실천하는 것은 이 둘과 또 다르다.

사랑은…

신약성경에서 '사랑'으로 번역된 단어는 '사랑'을 가리키는 헬라어 셋 중 하나이며, 실제로 헬라어에서 '사랑'으로 번역되는 단어가 네 개가 있다.

첫째, 스토르게(storge)는 혈연관계 등을 통해 자연스럽게 형성된 "본연의 애정"(natural affection)을 뜻하는 헬라어 단어다. 이것은 보통은 한 가정의 자매 사이에 존재해야 하는 애정이다. 여기에는 매우 자연스러운 측면이 있다. 한 가정의 자매들의 사랑은 스토르게 사랑이다. 둘째, 에로스(eros)는 낭만적 사랑이나 감각적 사랑이다. 셋째, 필리아(philia) 또는 필레오(phileo)는 "형제애의 도시" 필라델피아의 이름에도 들어 있는 단어다. 이것은 가족 구성원 간의 본연의 애정과 무관하며, 스포츠팀이나 군대 전우 같은 사람들이 가질 법한 형제애 및 동지애와 관련이 있다.

예수님이 누가복음 26장에서 사용하시는 단어는 이 세 가지 중 어느 하나도 아니다. 예수님이 여기서 사용하시는 단어는 아가페(*agape*)다. 아가페는 이전 세 가지 사랑과 전혀 다르다. 아가페는 사랑을 받는 사람의 신분이나 매력이나 가치에서 비롯되지 않는 사랑이기 때문이다. 이것은 우리가 사람들을 보며 이렇게 생각할 때 느끼는 사랑이 아니다. "이 사람 참 사랑스럽네. 보고 있으면 나도 모르게 애정이 느껴져." 예수님은 사랑받는 사람의 사랑스러움과 전혀 무관한 사랑을 우리에게 요구하신다.

당연하게도, 아가페는 하나님이 그리스도 안에서 우리를 향해 품으시는 사랑이다. 하나님이 우리를 사랑하시는 것은 우리가 의롭고 선하기 때문이거나 우리가 영적으로 칭찬할 만하기 때문이거나 우리의 행동이 그분의 호의를 받을 만하기 때문이 아니다. 완전히 반대다. 우리는 "허물과 죄로 죽었"기 때문에 "본질상 진노의 자녀였다"(엡 2:1, 3). 그러나 "'우리가 아직 죄인 되었을 때에' 그리스도께서 우리를 위하여 죽으심으로 하나님께서 우리에 대한 자기의 사랑을 확증하셨느니라…곧 우리가 원수되었을 때에 그의 아들의 죽으심으로 말미암아 하나님과 화목하게 되었은즉"(롬 5:8, 10).

이미 우리에게 친숙한 성경 말씀이라 가볍게 훑고 지나가지 말라. 심각하게 살피고 묵상해야 한다. 우리에게 그 어떤 희망이라도 남아 있다면, 하나님과 그 어떤 관계라도 있다면, 영원한 삶에서 그 무엇이라도 기대할 게 있다면, 이유는 오직 하나, 하나님이 진즉에 원수가 된 우리를 사랑하기로 선택하셨기 때문이다. 하나님은 원수들을 사랑하신다. 예수님은 그분의 자녀들도 이와 같이 해야 한다고 말씀하신다.

아가페의 사랑은 맹목적이지 않다. 예수님은 우리의 원수들이 우리에게 행하는 범죄에 눈을 감음으로써 또는 사랑에 눈이 멀어 원수들을 제대로 보지 못한 결과로 사랑을 실천하라고 말씀하시는 게 아니다. 예수님은 우리가 이들을 있는 그대로 정확히 보라고, 이들의 모든 추함과 악의와 저주와 미움과 우리에게 빚진 것을 갚으려 하지 않는 고약함을 보라고, 당연히 우리가 이들을 적으로 보게 할 모든 것을 직시하라고 말씀하신다. 예수님은 말씀하신다. 그 사람의 모든 약점과 잘못을 분명하게 똑똑히 보라. 그런 후에 그 사람을 사랑하라.

성경학자 리처드 렌스키(Richard Lenski)는 이것을 이렇게 표현한다.

이 사랑은 사랑을 받는 사람에게서 아무런 매력도 찾지 못할 수 있다. 그뿐 아니라, 이 사랑은 그 어떤 매력에서 비롯되지도 않는다. 이 사랑의 내적 동기는, 사랑을 받는 대상이 자격이 있든 없든 간에, 사랑을 받는 사람에게 복을 베풀고 가능한 최고의 선을 행하려는 것이다.(주 5)

아가페의 사랑을 명하시는 예수님은 통상적인 인간의 지혜를 완전히 뒤집으신다. 우리의 관습이자 지혜로운 원칙은 이렇다. 우리는 좋아해야 할 사람들을 좋아하며 미워해도 되는 사람들을 미워한다. 사람들이 우리를 선하게 대하면, 우리의 애정이 이들이 누구이며 어떤 사람인지에서 비롯되면, 이들을 잘 사랑한다. 반대로, 사람들이 우리를 악하게 대하면 우리는 기껏해야 이들을 참아내라는 요구를 받지만 대부분의 경우 이들에게 앙갚음하는 게 마땅하다고 생각한다. 그러나 예수님은 "너희를 미워하는 자를 선대하라(do good)"고 말씀하신다. 우리의 마음이 하고 싶어 하고 세상이 우리에게 하라고 말하는 것과는 완전히 정반대다.

덧붙여 말하자면, 예수님은 여기서 구약성경의 가르침을 바로잡는 게 아니라 동조하신다. 우리가 흔히 오해하는 것 중 하나로, 구약성경은 "네 이웃을 사랑하고 네 원수를 미워하라"고 했다는 것이다. 아니다. 그렇게 말하지 않는다. 레위기 19장 18절은 하나님의 백성을 향해 이렇게 명령한다. "원수를 갚지 말며 동포를 원망하지 말며 네 이웃 사랑하기를 네 자신과 같이 사랑하라 나는 여호와이니라."

누구라도 어떻게 이 구절에서 네 원수를 미워하고 네 이웃을 사랑하라는 결론에 이를 수 있는가? 이 말씀에 반기를 드는 사람들은 "동포"(your own people)라는 표현을 오그라뜨려 포괄적 사랑의 개념을 축소한다. 이들은 누가 자신의 "동포"인지 스스로 결정하고 이들을 사랑하기 쉬운 사람들로 정의한다. 이렇게 규정하면 누구라도 우리를 거스르거나 우리와 별반 닮지 않은 사람을 사랑하지 않아도 된다는 결론에 이를 수 있다. 그래서 예수님은 누가복음 6장 27절에서 정확히는 이렇게 말씀하고 계신다. 레위기 19장 18절을 제대로 읽어보라. 너희들의 동포는 누구인가? 모든 사람이다. 너희들의 이웃은 누구인가? 모든 사람이다.

그러므로 원한을 품지 말라는 말씀은 우리가 원한을 품을 수 있을 모든 사람, 우리에게 잘못한 모든 사람과의 관계에 적용된다. 다시 말해, 이것은 우리 모두에게 부담스러운 도전으로 다가온다. 우리 가운데 어떤 사람에게는 몇 년이나 쌓인 깊은 원한이 있다. 우리는 크든 작든 이러한 원한을 품고 다닌다. 우리는 이러한 원한을 가슴 한켠에 묻어두고 소중한 듯

키운다. 우리는 때로 이러한 원한을 마음의 앞자리로 옮겨 곱씹는다. 우리는 절대로 이러한 원한에 따라 행동하지 않을 테지만 만일 그렇게 행동한다면 얼마나 만족스러울지 상상한다.

우리 주님은 말씀하신다. "너희 원수를 사랑하며 너희를 미워하는 자를 선대하라."

사랑은 행동이다

이것이 어떤 모습으로 구현되어야 하는가? 예수님은 구체적 예를 몇 가지 제시하신다.

- 누가 당신을 때리면 주먹을 뻗지 말고 다른 쪽 뺨을 돌려 대라.
- 누가 당신의 것을 취하면 그에게 후하게 베풀라.
- 누가 당신에게 무엇인가를 달라고 하면 주라.
- 누가 당신에게서 무엇인가를 빌려가서 돌려주지

않으면 선물했다고 생각하라.

여기서 조심해야 한다. 예수님의 말씀을 그 의미와 적용에 준하여 받아들여야지 문자주의적으로 받아들여서는 안 된다. 그러므로 이것은 누가 뺨을 때리면 다른 쪽 뺨도 때려달라고 하라는 뜻이 아니다. 예수님도 이렇게 하지 않으셨다. 요한복음 18장에서, 성전 관리가 예수님을 쳤을 때, 예수님은 또 치라며 다른 쪽을 돌려대신 게 아니라 불의에 항변하셨다.

예수님은 그분을 따르는 자들에게 악을 가능하게 하는 나약한 수동적 태도를 요구하시는 게 아니다. 예수님은 절대로 살인자의 손을 제지하지 말라고 하지 않으셨고, 학대하는 자에게 맞서지 말라고 하지 않으셨으며, 도둑을 제지하지 말라고 하지 않으셨고, 부정에 맞서지 말라고 하지 않으셨다. 그렇다면 예수님이 여기서 구현하고자 하시는 원칙은 무엇인가? 단순하다. 해를 입을 때 되갚아 주려 해서는 안 된다. 실제로, 그 사람이 다시 와서 우리를 재차 공격할 가능성이 높기 때문에 꼭 그래야 한다면 또 다시 해를 입을 준비가 되어 있어야 한다.

바꾸어 말하면, 우리는 정상이어서는 안 된다. '정상'이란 받은 대로 되갚는 것이다. 이를 테면, 힘에는 힘으로, 모욕에는 모욕으로, 악의에는 악의로 맞서는 것이다. '정상'은 사람들이 우리를 부당하게 대할 때 그들에게서 우리의 축복을 거둬들이는 것이다. 그리스도인이라는 것은 배우자나 가장 좋은 친구에게 하듯이 원수에게도 가장 좋게 행하는 것이다.

이것은 철저히 문화를 거스른다. 지금은 물론, 오래 전에도 언제나 이러한 문화가 지배했다. 1세기 로마 사회를 지탱하는 기초 중 하나는 후견인 제도였다. 후견인은 자신을 찾아와 도움을 구하는 자들을 키워주었고, 그러면 이들은 후견인에게 충성과 사랑을 빚졌다. 누군가 우리에게 주었다면 그에게 빚졌으므로 응당 되갚아야 했다. 누군가 우리를 도왔다면 명예를 걸고 그를 도와야 할 의무가 있었다. 예수님은 이렇게 말씀하고 계신다. "너희는 이 원리를 따라 살아서는 안 된다. 나는 너희가 다르게 행하길 원한다. 다시 말해, 나는 너희가 하나의 공동체를 이루길 원한다. 그 공동체는 너희가 다른 사람들을 그들에게 마땅한 방식대로 대하거나 그들이 너희를 위해 할 수 있는 것에 따라 대하길 거부하는 공동체여야 한다. 심지어 너희를 미워하고 배제하며 욕하고 비방하는 자들이라도 원수로 대해서는 안 된다. 나는 너희가 하나의 공동체로 살길 원한다. 그 공동체는 다른 사람들을 마치 너희의 원수인양 대하길 거부하는 공동체여야 한다." 이러한 태도는 행동을 통해 나타나야 한다. 이러한 행동은 적극적이고 진취적이어야 한다. 예수님은 그 누구에게도 해를 끼치지 않는 것을 말씀하시는 게 아니다. 모든 사람에게 실제로 선을 행하는 것을 말씀하신다. 적대감을 억누르는 것으로는 부족하다. 우리의 행위와 말에서 그리스도의 사랑이 드러나야 한다.

서로 닮아가는 가족처럼

예수님이 여기서 하시는 말씀을 오로지 도덕적 올바름을 위한 처방으로 본다면 핵심을 놓친다. 예수님은 우리가 그분의 말씀을 읽고, 이 장을 끝내며, 책을 덮고 이렇게 생각하길 원하시는 게 아니다. "맞아. 내 원수를 사랑해야 해. 가서 그렇게 해야겠어!" 그래서 운전을 하고 있는데 누군가 갑자기 끼어들어 사고가 날 뻔했다면 예수님의 말씀을 기억하고 똑같이 되받아치길 삼가고 이렇게 기도한다. "주님, 저 파란색 픽업트럭을 모는 사랑스러운 죄인에게 복을 주세요." 그런데 그 사람이 창문을 내리고 소리지르며 우리가 아주 나쁜 놈이라며 우리의 족보까지 들먹인다. 하지만 그에게 퍼붓고 싶은 대로 내뱉고 똑같이 대응하는 대신 이를 악물고 그에게 미소를 짓는다. 이런 방식으로 우리는 "너희 원수를 사랑하라"는 말씀을 실천한다.

무엇이 문제인가? 이렇게 하면서, 우리는 이웃을 사랑했다고 주장할 테지만 정작 그것은 하나님을 사랑하는 것이 아니다. 우리는 누가복음 6장 27절의 명령을 보기좋게 실천했다고 뿌듯해할 수 있겠지만 결코 그렇지 않다. 그런 자세는 오히려 스스로를 교만해지게 만들 뿐 아니라 주어진 명령을 제대로 실천하지 않았음에도 오히려 명령을 지키고 있다는 확신에 기분이 좋아지려는 시도에 불과하다. 그렇게 하면 이 명령을 지키고 있다고 스스로에게 말할 수 있고 자신은 최소한의 비용으로 이 계명을 지키고 있다는 이유로 홀가분함을 느끼기 위해서다. 그러다가 우리는 "사랑하라"와 "선대하라"와 "축복하라"의 의미를 희석하게 되고, 우리가 잘 대해야 하는 사람들의 범위를 제한하게 된다. 그리 오래지 않아, 우리는 파란색 픽업트럭의 남자를 이웃으로 여기지 않을 것이며 그를 저주하는 게 합리적이고 정당해 보일 것이다.

그렇다면 이 명령을 받아들이는 올바른 방법은 무엇인가? 먼저 하나님이 우리를 이렇게 대하기로 선택하셨음을 기억하는 것이다. "너희 아버지의 자비로우심" 때문이다(36절). "우리가 원수되었을 때에 그의 아들의 죽으심으로 말미암아 하나님과 화목하게 되었다"(롬 5:10). 무엇이 옳고 가장 좋은지 우리에게 말씀할 권리가 예수님께 있음을 믿는 것이다. 하나님이 우리에게 베푸신 자비를 묵상하며 마음을 새롭게 함으로 변화를 받아(롬 12:1-2) 우리를 사랑하시는 하나님을 사랑하기 때문에 이웃을 사랑하고 싶어 하는 것이다. 이렇게 사랑하며 산다는 것은 서로 닮아가는 가족처럼 "너희 아버지의 자비로우심 같이 너희도 자비로운 자가 되는" 것이다.

우리는 이 명령을 이렇게 받아들임으로써 그 명료함에 움찔하지 않고 그 적용에서 예외를 찾으려 하지 않아야 한다. 우리는 이 계명에 더는 최소한으로 순종하려 하지 않고 온 마음으로 순종하려 해야 한다. 다시 말해, 우리는 해야 할 것만 하는 게 아니라 할 수 있는 모든 것을 해야 한다.

세상은 무엇을 보는가?

우리에게 이것은 도전이자 기회의 장이다. 보통의 비그리스도인이라면 복음주의 교회가 이 원리를 구현하고 있다고 보겠는가? 아니면 기독교가 다음과 같은 태도를 취한다는 인상을 받을 것 같은가? 사람들이 우리의 교리에, 많은 경우 우리의 정책에 동의해야 우리의 친절과 사랑을 경험할 수 있고 그러지 않으면 무시당하고 악마 취급을 받으리라는 접근법 말이다. 우리가 판단하기에, 보통의 대학생이나 지역사회의 일원이 "너희 원수를 사랑하라"는 말씀을 읽고 그리스도인들이 이 계명을 구현하고 있다고 생각하겠는가, 아니면 구석에 처박아 두고 있다고 생각하겠는가?

예수님이 누가복음 10장에서 그 유명한 선한 사마리아인 비유를 들려주실 때, 상처 입은 채 길에 쓰러져 있는 희생자를 그냥 지나친 두 사람은 종교 지도자이며 가던 길을 멈추고 피 흘리는 희생자를 돌봐준 영웅은 전혀 그럴법하지 않은 사람, 곧 미움 받는 사마리아 족속의 구성원이라고 밝히신 데는 이유가 있다. 예수님은 "내 이웃이 누구니이까"라고 물으며 사랑이 무엇과 같은지 제한하려는 율법교사, 곧 율법 전문가에게 답하며 비유를 들려주셨다. 예수님은 이 질문에 이렇게 답하신다. "네 생각에는 [피 흘리는 희생자를 마주친] 이 세 사람 중에 누가 강도 만난 자의 이웃이 되겠느냐"(눅 10:36). 율법교사는 이제 대화를 아예 시작하지 않았다면 좋았을 거라 생각하며 답한다. "자비를 베푼 자니이다"(37절). 예수님은 말씀하신다. "맞다. 그러니 가서 그렇게 살아라. 너희가 마주치는 모든 사람이 너희의 이웃이다. 그 사람이 누구든 너희를 위해 또는 너희에게 무엇을 했든 간에 그를 사랑하라."

우리가 사랑하지 않아도 되는 사람은 없다. 그분의 원수들을 향한 "너희 아버지의 자비로움" 때문이다. 예수님이 여기서 말씀하시는 사랑은 기존의 경계를 무너뜨리고 재설정한다. 예수님을 따르는 자들은 자신이 사랑할 사람을 선택할 수 없다. 사랑하기

편한 사람들은 있겠지만 실제로 사랑을 차등해 베풀 수 없다. 예수님의 말씀은 차별과 울타리를 모두 허문다.

교회가 이 계명을 살아낼 준비가 되었을 때에야, 우리가 선한 사마리아인을 두 종교 지도자보다 더 닮을 때에야, 우리는 이 땅의 사람들과 문화에 영향을 미칠 수 있다. 예수님이 그분의 백성에게 우선적으로 요구하시는 일은 사회적 대의를 옹호하고 정치적 해결책을 모색하는 게 아니다. 우리의 원수를 사랑하라는 것이다. 사람들이 이렇게 말할 때에야 우리는 제대로 그 명령을 준행한 것이다. "나는 이들이 동의하지 않는 모든 것을 지지한다. 나는 이들을 무자비하게 대했다. 그러나 이들은 나를 존중했고, 최선을 다해 나를 선대했으며, 단지 나를 참아낸 게 아니라 사랑했다. 나는 이 문제나 저 질문에 대한 이들의 입장에 동의하지 않는다. 그러나 거기에 내가 설명할 수 없는 사랑이 있다는 것을 부정할 수 없다."

예수님은 이렇게 말씀하신다. "어떻게 이 땅의

주류 문화에 영향을 미치는지 보여주겠다. 너희 원수들을 사랑하고, 너희를 미워하는 자들에게 선을 행하며, 너희를 저주하는 자들을 축복하고, 너희를 학대하는 자들을 위해 기도하라."

우리가 이렇게 살기로 선택하면 우리 문화에 변혁이 일어날 것이다. 많은 사람이 소셜 미디어에서 쓰는 말투가 완전히 달라질 것이다. 가정들이 문을 열고 환대와 회복의 장소가 될 것이다. 과거에 불화를 (또는 더 심한 것을) 일으켰던 정치적 분열을 해소하는 다리가 놓일 것이며, 일터에서 사람과 사람의 관계가 자신을 과시하고 앙심을 품는 관계가 아니라 협력하고 용서하는 관계로 바뀔 것이다. 바꾸어 말하면, 우리가 이 명령을 살아내기로 선택하면 우리 아버지가 어떤 분인지 드러날 것이다. 다른 삶의 방식이 있다는 게 드러날 것이다. 이 땅의 삶이 전부가 아니고, 현세의 소유가 우리가 가진 전부가 아니며, 우리가 얻을 수 있는 것을 얻고 지키고 싶은 것을 지키는 게 삶의 유일한 방식이 아니라는 게 드러날 것이다.

예수님은 "너희 원수를 사랑하라"고 하신다. 이 말씀이 우리에게 도전이 되지 않는다면 그분이 우리에게 하시는 말씀을 이해하지 못한 것이다. 이 말씀이 도전이 된다면 이 책을 덮고 자비로우신 아버지께 이렇게 기도하라.

내 구주 그리스도의 마음이 날마다 내 안에게 거하게 하시고, 그분의 사랑과 능력이 나의 행동과 말을 다스리게 하소서. 물이 바다를 채우듯이 예수님의 사랑이 나를 채우게 하소서. 그분을 높이고 나를 낮추는 것, 이것이 승리입니다.(주6)

"그분을 높이고 나를 낮추는 것, 이것이 승리입니다." 이 세상 질서 자체가 놀랍게 뒤집힌다. "너희 원수를 사랑하며 너희를 미워하는 자를 선대하라."

평지설교 4

황금률의 진짜 의미

"남에게 대접을 받고자 하는 대로
너희도 남을 대접하라"(눅 6:31).

이 말씀은 어쩌면 가장 자주 잘못 인용되는 성경 구절이다. 이 구절은 흔히 "황금률"이라 불리며, 그리스도인이 아닌 사람들도 익숙한 성경구절이다. 온갖 사람들이 이 구절을 끌어다가, 흔히 문맥과 의미를 전혀 제대로 이해하거나 고려하지 않은 채, 자기 입맛에 맞춰 온갖 방식으로 사용한다. 그러므로 우리는 잠시 멈추어 물어야 한다. 실제로 예수님은 무슨 뜻으로 이 말씀을 하셨는가?

규범

앞장에서 보았듯이, 예수님은 그분 나라의 시민들, 곧 하나님의 자녀들이 이웃을 사랑해야 한다는 것을 분명히 하신다. 예수님이 세상에 오시기 전, 이 규범은 오로지 부정의 형태로 선언되었다. 앞장에서 보았듯이, 레위기 19장 18절은 하나님의 백성에게 이렇게 말했다. "원수를 갚지 말며 동포를 원망하지 말며 네 이웃 사랑하기를 네 자신과 같이 사랑하라." 주전 1세기, 영향력 있는 유대교 랍비 힐렐은 이 구절을 이렇게 해석했다. "네가 싫어하는 짓을 이웃에게 하지 말라." 반대로, 예수님은 이것을 긍정의 형태로 말씀하신다. 예수님은 분명히 하신다. 그분을 따르는 자들이라면 단지 수동적이어서는 안 된다. 다시 말해, 앙갚음이나 복수를 삼가는 데 그쳐서는 안 된다. 하나님의 자녀들은 사랑의 문제에서 주도적이어야 한다.

황금률은 성경에만 있는 게 아니다. 이런저런 형태로 모든 곳에 있다. 플라톤, 아리스토텔레스, 세네

카 같은 고대 그리스 저자들의 글에도 있다. 공자의 글에도 있다. 그러나 성경을 제외한 모든 경우에서, 황금률은 이것을 먼저 이해한 후에 적절하게 적용하려면 반드시 있어야 할 틀이 없는 상태로 등장한다.

황금률에 대한 성경의 가르침을 이해하는 첫째 열쇠는 이것이다. 황금률을 지키는 길은 하나님의 율법에 순종하는 것이다. 로마서 13장에서, 바울은 이렇게 말한다.

간음하지 말라, 살인하지 말라, 도둑질하지 말라, 탐내지 말라 한 것과 그 외에 다른 계명이 있을지라도 네 이웃을 네 자신과 같이 사랑하라 하신 그 말씀 가운데 다 들었느니라 사랑은 이웃에게 악을 행하지 아니하나니 그러므로 사랑은 율법의 완성이니라(롬 13:9-10).

그러므로 하나님의 율법은 황금률로 요약된다. 그러나 하나님의 율법은 또한 황금률을 어떻게 지키는지 설명한다. 이웃을 사랑하고 싶다면 이웃을 죽이거나 이웃의 배우자와 동침하지 말라(당연하다!). 이웃을 사랑하고 싶다면 이웃을 대하는 방식에서 하나님의 율법에 순종하라. 하나님께 순종함으로 이웃을 사랑한다. 그러므로 이웃을 사랑하는 것이 절대로 하나님께 불순종하는 것처럼 보일 수 없다.

사랑이 무엇과 같은지 정의하는 기준은 우리 자신의 지혜나 이웃의 선호도가 아니라 율법이다. 사도 요한이 말하듯이 "내가 이제 네게 구하노니 서로 사랑하자 이는 새 계명 같이 네게 쓰는 것이 아니요 처음부터 우리가 가진 것이라 또 사랑은 이것이니 우리가 그 계명을 따라 행하는 것이요 계명은 이것이니 너희가 처음부터 들은 바와 같이 그 가운데서 행하라 하심이라"(요이 5-6절). 로마서 13장으로 돌아가서, 놀랍게도 바울은 자신의 서신을 읽는 사람들에게 하나님의 말씀에 순종함으로 이웃을 사랑하라고 말한 뒤에 이렇게 덧붙인다. "또한 너희가 이 시기를 알거니와 자다가 깰 때가 벌써 되었으니 이는 이제 우리의 구원이 처음 믿을 때보다 가까웠음이라"(11절). 바울은 로마의 그리스도인들에게 지금껏 기독교의 기본 요소를 가르쳤으니 이제 교리적 서술(우리는 그리스도 안에서 누구인가)에서 도덕적 명령(우리는 그리스도를 위해 어떻게 살아야 하는가)로 넘어가겠다고 말한다. 이 도덕적 명령을 요약하면 이웃을 대하는 방식에서 하나님의 계명들에 순종함으로 이웃을 자신처럼 사랑하라는 것이다.

둘째, 사람들을 사랑하라는 계명과 하나님을 사랑하라는 계명은 분리될 수 없다. 우리는 어떤 사람이, 특정 정책을 지지하는 정치인이나 여러 종교들 간의 공통점을 찾으려는 친구나 심지어 대중 매체에서 사람들의 입맛에 맞는 말을 하려는 교회 지도자들까지 예수님의 가르침을 이렇게 요약하는 것을 꽤나 자주 듣는다. "네 이웃을 사랑하라. 남에게 대접을 받고자 하는 대로 너희도 남을 대접하라." 예수님이 이렇게 말씀하셨는가? 그렇다. 예수님이 이렇게만 말씀하셨는가? 아니다. 예수님은 우리에게 이웃을 자신처럼 사랑하라고 하실 때마다 어김없이 우리가 가진 모든 것으로 하나님을 사랑하라고도 하셨다. 그분은 하나님 사랑과 이웃 사랑을 절대로 분리하지 않으셨다. 종교 전문가가 그분께 물었다. "어느 계명이 가장 큽니까?" 예수님이 뭐라고 대답하셨는가?

첫째는 이것이니 이스라엘아 들으라 주 곧 우리 하나님은 유일한 주시라 네 마음을 다하고 목숨을 다하고 뜻을 다하고 힘을 다하여 주 너의 하나님을 사랑하라 하신 것이요 둘째는 이것이니 네 이웃을 네 자신과 같이 사랑하라 하신 것이라 이보다 더 큰 계명이 없느니라(막 12:28-31).

예수님은 이렇게 말씀하지 않으셨다. "율법을 요약하면 네 이웃을 네 자신과 같이 사랑하라는 것이다." 이게 아니다. 예수님은 이렇게 말씀하셨다. "한 분이신 참 하나님을 네가 가진 전부로 사랑하라. 하나님을 그렇게 사랑하는 한 가지 방법은 네 이웃을 네 자신과 같이 사랑하는 것이다."

우리 주변 사람들은 자신이 사랑받고 싶은 대로 다른 사람들을 사랑한다는 개념을 아주 좋아한다. 그 누구도 이 개념을 거부하지 않을 것이다. 이들이 그리스도인과 나뉘는 지점은 "주님은 한 분이시다"라는 것이다. 다시 말해, 주님은 그 어떤 경쟁자도 없기에 그 어떤 경쟁자도 용납하지 않으실 것이며, 따라서 우리는 모든 순간, 모든 면에서, 심지어 이웃을 우리 자신과 같이 사랑하는 그 순간에도, 하나님을 하나님으로 사랑해야 한다는 것이다.

셋째, 우리는 자신의 힘으로 이 규범을 지키려 해서는 안 된다. 사람들은 으레 실제로 이 규범을 살아낼 수 있다고 믿는다. 이들은 "네 이웃을 네 자신과 같이 사랑하라"와 "남에게 대접을 받고자 하는 대로 너희도 남을 대접하라"는 말씀을 듣고 스스로에게 말한다. "훌륭하고 아주 탁월한 말씀이야. 이제 나가서 제대로 시도해 봐야겠어." 종교인들은 늘 이렇게 하고 있다. "이건 사는 방식이야. 그러니 나도 가서 이렇게 살아야겠어." 단순하다. 그리고 불가능하다. 감히 말하건대, 우리는 이렇게 살 수 없다.

혼자 내버려두면, 우리는 어떻게 살아야 하는지 알 수 있을 것이다. 그러나 혼자라면 우리가 그렇게 살 수 없음을 이내 깨달을 것이다. 이런 까닭에, 주일마다 선의의 사람들에게 제시되는 외적 실천 강령으로서의 종교는 더없이 끔찍한 폭정이다. 목사가 "이제 가서 여러분의 원수를 사랑하십시오"라고 말하고 사람들이 "맞아, 나가서 그렇게 해야지"라고 생각할 때, 이들이 충분히 자각한다면 주중 어느 시점에(아주 가능성이 높게도 교회 문밖을 나서고 채 몇 시간 안에) 깨달을 것이다. "나는 그 사람을 잘 대하지 못했어. 나와 가장 가까운 사람들, 내가 너무나 사랑하는 사람들조차 잘 대하지 못했어." 이들은 한 주를 비참하게 보낸다. 그러고는 다시 돌아와 "그래, 더 열심히 노력해야해"라고 말하지만 결국 "난 못해. 포기하겠어"라고 말하고는 돌아오지 않는다.

그 뿌리에 무엇이 있는가? 이것이다. 종교인들은

하나님께 순종함으로써 그분의 자녀가 된다고 생각한다. 진실은 정반대다. 그리스도인들은 안다. 그리스도인들은 자신들이 은혜로 하나님의 자녀가 되었기에 그분께 순종하려 한다는 것을 알며, 하나님이 자신들 안에서 일하시기에 하나님이 자신들의 삶에서 요구하시는 일을 자신들이 할 수 있다는 것도 안다.

바울은 빌립보서 2장 12-13절에서 우리에게 말한다. "항상 복종하여 두렵고 떨림으로 너희 구원을 이루라 너희 안에서 행하시는 이는 하나님이시니 자기의 기쁘신 뜻을 위하여 너희에게 소원을 두고 행하게 하시나니." 우리의 힘으로 이것을 성취하려 시도해 볼 수는 있다. 그러나 예수님이 여기서 요구하시는 것은 자연적(육적인) 사람의 자연적(육적인) 반응이 아니라 하나님 나라 백성의 초자연적 반응이며, 따라서 우리는 이것을 성취할 수 없다.

질문

황금률이 실제로 무엇인지 이해하면 황금률이 실제로 무엇과 같은지에 관한 예수님의 가르침을 들을 준비가 된 것이다.

> 너희가 만일 너희를 사랑하는 자만을 사랑하면 칭찬 받을 것이 무엇이냐 죄인들도 사랑하는 자는 사랑하느니라 너희가 만일 선대하는 자만을 선대하면 칭찬 받을 것이 무엇이냐 죄인들도 이렇게 하느니라 너희가 받기를 바라고 사람들에게 꾸어 주면 칭찬 받을 것이 무엇이냐 죄인들도 그만큼 받고자 하여 죄인에게 꾸어 주느니라(눅 6:32-34).

예수님은 본질적으로 같은 질문을 세 번 하셨다. 우리를 사랑해 줄 사람들을 사랑한다면, 우리를 위해 뭔가 해줄 수 있는 사람들을 위해 뭔가 해준다면, 우리가 어떤 혜택을 받거나 점수를 딸 자격이 있는가?

우리에게 선을 행하는 사람들에게 선을 행한다면, 이것은 모든 사람이 다 하는 것이다. 이것은 하나님이 우리에게 요구하시는 게 아니다. 우리를 사랑하는 사람을 사랑한다는 것은 자동차 범퍼에 "사랑학교 우등 졸업생"이란 스티커를 붙이고 다닐 수 있게 되었다는 뜻이 아니다.

이번에도, 예수님은 그분이 사시던 세상의 문화, 1세기 당시뿐 아니라 지금 우리 시대의 주류 문화의 틀과 철저히 다른 급진적 생활방식으로 우리를 부르신다. 공평하게 주고받는 행동으로는 점수를 딸 수 없다. 어쨌든 "네가 내 등을 긁어주면 내가 네 등을 긁어줄게"라는 접근법은 "죄인들도"(even sinners) 실천하며 사는 방식이다. 예수님은 "죄인들도"라는 표현을 의도적으로 사용하신다. 그 당시에 종교인들이 이 표현을 내뱉었을 것이기 때문이다. 그때나 지금이나 종교인들은 자신들이 다른 사람들만큼 나쁘지 않다며 기뻐한다. 삶을 대하는 종교적 방식의 핵심은 나를 비롯해 좋은 사람들이 있고 그 죄인들을 비롯해 나쁜 사람들이 있다는 것이다. 누가복음 뒷부분에서, 젊은 부자 관리를 만나기 얼마 전, 예수님은 많은 면에서 복음 전체를 요약하는 비유를 들려주신다. 바리새인과 세리 이야기다(눅 18:9-14). 종교 지도자 곧 바리새인은 이렇게 말한다. "하나님, 내가 다른 사람들과 같지 않음을 감사합니다." 이것은 자신을 알아 주라는 강한 요구다. "나는 충분히 잘하고 있습니다. 나는 당신께 순종하고 있고, 종교적으로도 만족스러우며, 해야 할 일을 빼놓지 않고 해나가고 있습니다. 나는 저 쪽에 있는 세리와 같지 않습니다. 내가 그와 같지 않아서 기쁩니다."

예수님은 바리새인의 이런 태도 다음에 세리의 모습을 설명하신다. 세리는 매우 다른 시각으로 자신을 본다. "하나님이여 불쌍히 여기소서. 나는 죄인이로소이다." 제자들은 속으로 질문을 받고 있다.

질문: 둘 중에 누가 의롭다함을 얻었는가? 다시 말해, 하나님이 둘 중에 누구를 받아들이셨는가?

답변: 바리새인 같은 종교인은 아니다.

이런 까닭에 예수님은 진정으로 이웃을 자신처럼 사랑한다는 게 무엇과 같은지 말씀하면서 "죄인들도"라는 표현을 사용하신다. 자신을 종교인, 선한 사람, 특정 죄인과 다른 사람이라 생각하고 싶다면…좋다. 그러나 우리는 우리를 사랑하는 사람들만 사랑하고 우리에게 선을 행하는 사람들에게만 선을 행하며 갚을 수 있는 사람들에게만 빌려주고 있지 않은가? 우리가 이렇다면 정작 우리가 비교 대상으로 삼으며 자신이 낫다고 자랑하는 사람보다 전혀 나을 게 없다. 우리가 누군가와 비교하면서 스스로를 높이든, 우리는 그 사람보다 나을 게 전혀 없다.

그러므로 우리가 누구에게 친절한지 생각해 보라. 우리가 누구를 집에 초대하는지 생각해 보라. 우리가 누구를 특별히 위하는지 생각해 보라. 우리에게 뭔가 해줄 수 있는 사람뿐이라면, 그것은 우리가 그리스도를 따르는 자, 곧 우리가 그분을 사랑하거나 그분을 위해 아무것도 하기 전에 우리를 먼저 사랑하신 분을 따르는 자라는 표식이 아니다(롬 5:8; 요일 4:19). 우리는 그리스도의 칭찬을 받을 만하지 않다. 우리가 선을 행한다고 흡족해 하는 모든 것이 그저 우리가 상대에게서 받는 혜택에 따른 반응일 뿐이다.

행동은 드러나야 한다

예수님은 말씀하신다. 하나님이 우리를 어떻게 사랑하시는지 우리가 이해한다는 증거는, 우리가 이웃을 사랑한다는 것이다. 기억하라. 이러한 사랑이 가능한 이유는 단 하나, 하나님이 그분의 성령을 통해 우리가 이렇게 살 수 있게 하시기 때문이다. 하나님은 불가능한 일을 하도록 우리를 부르시고 그 일을 할 수 있도록 우리에게 능력을 주신다.

이웃의 범주에 우리가 만나는 모든 사람이 포함될 때, 우리의 이웃을 사랑한다는 것은 초자연적 행위이며 우리의 구원을 증명하는 행위다.

    이 도전을 외면하지 말라. 예수님은 묻고 계신다. "네가 나의 것이냐?" 이 질문에 답할 때, 세례 증서를 내밀지 말고 돌려줄 게 별로 없는 사람들을 향한 기꺼운 사랑을 보여주어라. 핵심은 이렇다. 예수님은 이렇게 말씀하고 계신다. "너희는 너희가 지극히 높으신 분을 따르는 자라는 것을 그 무엇도 돌려받으려 기대하지 않은 채 원수들을 사랑하고 이들에게 선을 행하며 이들을 후하게 대하는 방식으로 증명한다." 다른 무엇보다도 이 방식으로 증명한다. 이것은 불편한 도전일 것이다. 내게도 확실히 불편하다.

    내가 예수님의 계명을 살아낸다는 게 무슨 뜻일지 생각해 본다. 내 주변에는 하나님과 그분의 길을 거부하는 방식으로 살아가고 하나님이 사회와 가정을 하나로 묶는다고 말씀하시는 것을 훼손하는 방식으로 행동하는 사람들이 있다. 그리스도인들을 고집불통이라고 조롱하며 대놓고 비난하는 사람들도 적지 않다.

당연히 나는 이들을 좋아하지 않는다. 그러나 나는 이들을 사랑하는 초자연적 일을 하도록 부르심을 받았다. 나는 이들을 무시하고 피하는 게 아니라 적극적으로 축복하도록 부르심을 받았다. 나는 선한 사마리아인 비유에 나오는 종교지도자들처럼 이들을 지나치도록 부르심을 받은 게 아니다. 그게 아니라 나는 선한 사마리아인처럼 되도록 부르심을 받았다. 사마리아인은 계산기를 두드리지 않고 되돌려 받을 기대도 하지 않은 채 사랑하고 빌려주며 선을 행한 고전적 귀감이다. 그는 상처 입은 사람을 여관에 데려가 여관 주인에게 이렇게 말했다. "비용이 더 들면 내가 돌아올 때에 갚으리라"(눅 10:35). 예수님은 이렇게 말씀하고 계신다. "알리스테어, 나는 네가 바로 이런 태도를 보이고 이렇게 행동하길 원한다. 무엇보다도 네가 눈곱만큼도 이렇게 대하고 싶지 않은 사람들에게 말이다."

너희 상이 클 것이요

우리가 이 도전을 받아들일 때, 기도하며 세상으로 나아가 사람들이 우리에게 해주었으면 하는 대로 그들에게 해주려 할 때, 무슨 일이 일어나는가?

> 그리하면 너희 상이 클 것이요 또 지극히 높으신 이의 아들이 되리니 그는 은혜를 모르는 자와 악한 자에게도 인자하시니라(눅 6:35).

이 말씀은 이것들을 행한 결과로 우리가 지극히 높으신 이의 자녀가 되리라는 게 아니다. 오히려 예수님은 이것들을 행한 결과로 우리가 하나님의 자녀라는 게 드러나리라고 말씀하신다. "너희 아버지의 자비로우심 같이 너희도 자비로운 자"가 될 것이다(37절). 나는 이것이 상이라고 생각한다. 사람들이 우리를 보면서 "아버지를 아주 쏙 빼닮았네요"라고 말할 것이다. 아버지를 존경하며 따르는 자녀에게 아버지와 비교된다는 게 무슨 뜻인지 아는가? 자녀가 조금 더 성장한다는 뜻이다. 자녀가 이전보다 조금 더 기쁜 마음으로 행하게 된다는 뜻이다. 자녀는 이렇게 생각한다. "솔직히 내게서 아버지의 모습이 별로 보이지 않아. 나라면 나를 아버지와 비교하지 않았을 거야. 하지만 저 사람이 내가 아버지를 꼭 빼닮았다고 했어. 그러니 지금보다는 조금 더 아버지를 닮아야 해."

이뿐 아니라, 다른 사람들이 사랑받을 자격이 있는지 여부와 관계없이 우리가 이들을 사랑할 때 하나님이 우리를 보시며 이렇게 말씀하신다. "나의 자녀들이 나와 같은 방식으로 행동하고 있네. 저 부분에서 나를 쏙 빼닮았어." 아버지를 존경하며 따르는 자녀가 아버지에게 "잘했다. 내가 너를 기뻐한단다"라는 칭찬을 듣는다는 게 무슨 뜻인지 아는가?

예수님도 이렇게 말씀하신다. "너희가 사랑하고 빌려주며 선을 행함으로써 너희 아버지를 닮기 시작하는구나." 하나님은 그분의 백성에게 그분의 사랑을 이슬비가 아니라 소나기처럼 부어주셨다. 그러므로 우리의 마음이 아버지의 사랑으로 채워질 때 그분의 사랑이 우리의 마음에서 다른 사람들에게로 흘러넘칠 것이다. 우리가 이렇게 살아갈 때 가장 큰 상, 가장 놀라운 복은 우리가 그분의 자녀임을 사람들 앞에서 증명하게 되고, 그분의 자녀인 우리가 그분을 닮아가고 있음을 알게 되는 것이다.

무엇인가를 하라

다른 사람들이 우리를 대하길 바라는 대로 그들을 대한다면, 우리 아버지께서 우리를 대하시는 방식으로 다른 사람들을 대한다면, 그와는 전혀 다르게 굴러가는 이 세상에서 우리는 초자연적 사랑을 보여주게 될 것이다. 이는 우리가 복음주의 기독교라는 회원제 모임에서만 서로를 돌보고 서로에게 시간을 쓰는 것을 경계해야 한다는 뜻이다. 그리스도인들이 서로 돕는 것은 잘못이 아니다. 그러나 우리의 원수들을 돕지 않은 채 우리끼리만 돕는 것은 잘못이다.

예수님의 말씀은 우리를 불편한 삶으로, 곧 아무것도 돌려주지 않는 사람들을 적극적으로 먼저 사랑하려 하기에 우리의 문화와 본능이 선호하는 방식과는 전혀 다른 삶으로 부른다. 예수님이 여기서 하시는 명령에 순종한다는 게 우리 각자가 처한 구체적 상황에서 어떤 모습일지 나는 정확히는 알지 못한다. 그러나 이것이 다른 사람들이 눈으로 분명하게 확인할 수 있는 실체로 나타나야 한다는 것은 안다. 이것은 실제로 무엇인가를 행할 준비가 되어 있지 않으면서 경기장 밖에서 응원하거나 큰 목소리로 사회 변화를 주창하는 것과는 전혀 다르다.

우리가 제3세계 난민 돕기 단체를 후원함으로써 다른 사람들을 위해 예수님이 요구하시는 일을 했다고 생각하는 것은 어떤가? 이렇게 하는 것은 물론이고, 이웃의 부모 없이 살아가는 아이들을 직접 만나 그들과 시간을 함께 보낼 준비가 되어 있지 않다면 우리 생각이 틀린 것이다.

우리가 동성애 권리 찾기 단체나 성전환자 권리 찾기 단체를 비판하고 반대함으로써 예수님이 요구하시는 일을 했다고 생각하는 것은 어떤가? 이렇게 생각하는 동시에, 이런 방식으로 또는 이런 정체성을 갖고 살면서 이러한 삶은 자신이 바라던 것을 주지 못한다는 것을 깨닫는 사람들이나 에이즈로 고통당하는 사람들이나 되돌릴 수 없는 수술을 받고 후회하는 사람들에게 작으나마 따뜻함과 희망을 안겨줄 준비가 되어 있지 않다면 우리 생각이 틀린 것이다.

우리가 로대웨이드 사건(Roe v. Wade)의 판결 (1973년, 미국 연방대법원이 수정헌법 14조에 의거해 임산부에게 낙태 여부를 결정할 권리가 있다고 결정한 판결이며, 이 판결은 2022년에 연방대법원에 의해 무효화되었다-옮긴이) 뒤집기를 옹호하거나 응원함으로써 다른 사람들에게 예수님이 요구하시는 일을 하고 있다고 생각하는 것은 어떤가? 이렇게 생각하는 동시에 우리 마음과 집과 지갑을 열어 취약하고 당황하는 여성들에게 예수님이 일으키시는 철저한 변화를 보여줄 준비가 되어 있지 않다면 우리 생각이 틀린 것이다.

　찰스 스펄전이 복음을 전할 뿐 아니라 고아원 사역에도 관여한 데는 이유가 있다. 드와이트 무디가 복음을 선포함으로써 뿐 아니라 학교를 짓고 출판사를 세움으로써 영향을 끼치려 한 데는 이유가 있다. 이전 세대에, 교회는 병원을 짓고 고아원을 세우며 도서관을 열었다. 우리 세대에, 우리는 아뜨리움을 짓고 체육관을 세우며 카페를 연다. 우리 사회에는 성경을 읽고 스스로에게 "나의 신앙이나 윤리나 접근방식을 공유하지 않는 사람들에게 사랑을 퍼부어 줄 거야. 사람들에게 아무것도 되돌려줄 필요 없이 사랑받는다는 게 무엇인지 보여줄 거야"라고 말하는 그리스도인들이 넘쳐나지 않는다. 그러나 우리 사회가 이러한 그리스도인들로 넘쳐난다고 상상해 보라. 우리가 이렇게 말하고 성령의 능력으로 이렇게 산다고 상상해 보라. 세상은 이전과는 철저히 달라질 것이다.

평지설교 5

후한 용서

"비판하지 말라 그리하면 너희가 비판을 받지 않을 것이요…
용서하라 그리하면 너희가 용서를 받을 것이요"(눅 6:37).

어느 권세가의 아름다운 아내가 위층에서 아이를 재우고 있었다. 늦은 밤, 친구 하나가 찾아와 문을 두드렸다. 목가적 장면으로 보일 수 있겠다. 그러나 친구는 권세가에게 문안을 하기 위해 찾아온 게 아니었다. 늦은 밤에 문안이라니. 사실 위층에서 갓난 아기를 재우고 있던 여인은 권세가의 아내가 되어서는 안 되었다. 여인이 그곳에 있었던 것은 그보다 훨씬 전 권세가가 정욕을 못 이겨 그 여인과 부정을 저질렀기 때문이다. 여인은 임신을 했고 권세가는 여인의 남편을 은밀히 제거하고 여인을 아내로 삼음으로써 최대한 자신의 부정을 덮으려 했다. 이제 이 모든 것이 과거가 되고, 권세가는 모든 것이 지나간 일로 점차 잊힐 거라 믿었다.

그 때 친구가 나타난 것이다.

권세가는 친구를 맞아들였고 두 사람이 마주앉았다. 친구가 권세가에게 말했다. "자네에게 해주고 싶은 얘기가 있네. 한 마을에 살았던 두 사람 이야기라네."

"해 보게." 권세가가 말했다.

친구가 이야기를 시작했다. "한 사람은 부자였고 양과 소가 많았다네. 또 한 사람은 작은 암양 한 마리 외에 아무것도 가진 게 없었지. 그는 양을 새끼 때부터 키웠고, 그 양은 그의 자녀들과 함께 자라면서 그의 음식을 함께 먹었고 그의 잔에서 물을 마셨으며 그의 품에서 잤고, 사실상 그는 이 양을 딸이라 여겼다네."

"어느 날, 한 나그네가 부자의 집에 머물게 되었네. 부자는 자신의 양을 잡아 나그네를 대접하는 대신 가난한 이웃의 작은 암양을 끌어와서 잡았다네."

권세가는 펄쩍 뛰며 말했다. "아주 못된 짓일세. 완전히 잘못된 짓이라고. 이런 무자비한 짓을 한 놈은 죽어 마땅하네."

그의 입에서 이 말이 나오기가 무섭게 친구가 진실을 폭로했다.

"자네가 바로 그 놈일세."

다른 사람들의 잘못

이 이야기는 실화를 훨씬 덜 심각한 방식으로 들려준다. 현실 속 권세가는 자신의 권력을 이용해 유부녀와 강제로 동침했고 충성스러운 신하에게서 사랑하는 아내를 강탈했으며 이를 은폐하려고 그 신하를 죽음으로 내몰았다. 권세가는 우리가 잘 아는 다윗 왕이고 방문자는 나단 선지자였다(삼하 12장을 보라). 이 장을 시작하면서 이 이야기를 하는 데는 이유가 있다. 이 이야기가 내 마음뿐 아니라 어쩌면 우리 모두의 마음에도 있을 성향, 곧 자신의 잘못은 못 본 체하면서 다른 사람의 잘못은 아주 잽싸게 찾아내는 능력을 드러내기 때문이다. 솔직히 우리들 각자는 본래 자신의 죄는 가볍게 넘기면서도 다른 사람의 잘못은 곧잘 찾아내 정죄하는 성향이 있다. 예수님은 평지설교에서 우리의 이러한 모습을 지적하신다.

앞장에서, 예수님이 하나님의 본성에 대해 하신 놀라운 선언과 우리가 하나님의 자녀로서 그분을 어떻게 닮아야 하는지 살펴보았다. "너희 아버지의 자비로우심 같이 너희도 자비로운 자가 되라"(36절). 예수님이 원수를 사랑함과 되돌려 받길 기대하지 말고 선을 행함에 관해서 하신 모든 말씀을 요약하면 바로 이것이다. 예수님은 36절에 이어 계속 말씀하신다. 우리의 우선순위가 하늘 아버지께서 우리에게 쏟으신 자비를 다른 사람들에게 보여주는 것이라면, 우리는 이들을 어떻게 보고 어떻게 대해야 하는가? 예수님은 계속해서 우리에게 자비로우신 하나님을 닮아가라고 요구하심으로써 우리의 타고난 본성을 거스르라고 요구하신다.

그렇다면 자비는 어떤 모습인가? 예수님은 부정 명령과 긍정 명령 각기 두 가지를 우리에게 주신다.

> 비판하지 말라 그리하면 너희가 비판을 받지 않을 것이요 정죄하지 말라 그리하면 너희가 정죄를 받지 않을 것이요 용서하라 그리하면 너희가 용서를 받을 것이요 주라 그리하면 너희에게 줄 것이니(눅 6:37-38).

비판하지(judge) 말라. 정죄하지 말라.
그리고, 용서하라. 주라.
간단해 보이지만 간단하지 않다. 황금률과 더불어 "비판하지 말라"는 명령은 사실상 어느 성경구절보다 많은 혼란에 에워싸인다. 너무나 많은 사람들이 정말 어울리지 않는 때에 정말 어울리지 않는 상황에서 정말 어울리지 않는 방식으로 "비판하지 말라"는 명령을 들먹인다. 그러므로 이번에도 예수님이 여기서 말씀하시는 게 무엇이고 말씀하지 않으시는 게 무엇인지 정확히 이해해야 한다.

"비판하지 말라"는 말씀이 의미하지 않는 것

첫째, 예수님의 말씀은 법에 의한 정의 구현(판결)을 금지해야 한다는 뜻이 아니다. 러시아 소설가 레오 톨스토이를 비롯해, 어떤 사상가들은 "비판하지 말라"는 말씀을 인간 법정을 이용하지 말라는 뜻으로 받아들였다. 그러나 성경이 성경을 해석하게 한다면(반드시 그렇게 해야 한다), 예수님의 말씀이 이런 뜻일 수 없는 게 분명하다. 통치자들이 정의의 집행자로 세워진 이유가 있다. 통치자는 "하나님의 사역자가 되어 네게 선을 베푸는 자…악을 행하는 자에게 진노하심을 따라 보응하는 자"이기 때문이다(롬 13:4). "눈에는 눈 이에는 이"는 법에 의한 정의 실현의 원칙이며, 예수님은 이와 같은 정의 실현을 금하고 계신 게 아니다. 예수님은 인간의 정의(사법) 시스템이 아니라 개인 간의 관계를 말씀하고 계신다.

둘째, 예수님은 우리의 비판 능력을 사용하지 말라고 요구하고 계신 것도 아니다. 우리는 비판적인 사람을 부정적으로 생각하는 경향이 있다. 그렇지 않다! 우리는 참과 거짓을 분별하고 선과 악을 분별하며 옳음과 그름을 분별하기 위해 비판 능력이 있어야 한다. 이 구절이 그리스도인들 사이에서 자주 오해되고 잘못 적용되는 경우는 다음과 같다. "예수님은 다른 사람들을 비판(판단)하지 말라고 하셨는데, 당신은 이것이 틀렸다거나 저것은 죄라고 말하고 있네요."

예수님은 이미 그분의 설교에서 "죄인들," "은혜를 모르는 자," "악한 자" 같은 표현을 사용하셨다. 예수님은 우리에게 이런 범주들을 사용하지 말라고 말씀하시는 게 아니다. 그분은 뒤이어 우리가 누군가의 행동으로 그 사람의 마음을 분별할 수 있다고 말씀하신다. 열매로 나무를 알 수 있다는 것이다. 예수님의 가르침은 우리에게 비판 능력을 버리지 말고 사용하라고 요구한다.

우리는 악한 사람을 보며 "나는 이 사람이 저렇게 한 게 잘못이라고 말할 위치에 있지 않아요"라고 말할 필요가 없다. 우리는 죄악된 행위를 용납하고 절대로 불의에 맞서지 않는 소위 도덕적 중립성을 유지하며 살 필요가 없다. 예수님은 여기서 우리가 죄에 눈감아야 하거나 잘못을 지적하지 말아야 하거나 선악을 분별하지 말아야 한다고 가르치시는 게 아니다.

지적질

그러면 예수님이 도대체 무엇을 말씀하시는가? 예수님은 지적질, 곧 자신만 옳고 자신을 높이며 위선적이고 거친 판단주의의 영에 도전하고 계신다. 이것은 사람들에게 다가가는 일종의 태도, 곧 다른 사람들의 잘못을 들추어내고 정죄함으로써 정작 자신을 살피지 않으려는 태도다. 이는 부정적이고 파괴적이며, 다른 사람의 잘못을 적극 찾아내려 하며, 찾아내면 속으로 기뻐한다. 이렇듯 지적질하는 사람은 결점을 찾아내는 데 무엇보다 빠르다. 그렇게 찾아낸 결점을 상대방에게 내보이며 "당신이 어떤 사람인지 알기나 하세요?"라고 말할 수 있거나 스스로에게 들이밀며 "저들이 어떤 사람인지 알겠지? 네가 저들보다 나아!"라고 말할 수 있기 위해서다. 이러한 거친 판단주의의 영은 자신의 잘못을 변명하고 다른 사람들의 잘못을 정죄한다. 다윗이 남의 아내를 훔쳐냈고 그렇게 훔친 여자가 그의 침실에 누워있는데도 양 한 마리를 훔친 사람을 잽싸게 판단했듯이 말이다.

존 스토트가 이것을 잘 요약한다.

> 지적질하며 비판하는 자는 다른 사람들의 동기에 대해 가능한 가장 나쁜 구도를 세우고 그 뼈대에 찬물을 끼얹으며 이들의 실수에 관대하지 못하다.[주7]

이렇게 볼 때, 이러한 지적질은 앞장에서 살펴본

사랑의 법을 철저히 어기는 게 분명하다.

혹시 우리도 이런 것에 늘 구미가 당기지 않는가? 우리가 우리의 자녀나 다른 사람의 자녀를 대하는 방식에서는 어떤가? 배우자를 대하는 방식에서는 어떤가? 직장이나 교회에서 사람들을 대하는 방식에서는 어떤가? 이 부분은 내게 지뢰밭이다. 이 모두를 말끔히 해결한 사람으로서 도전을 주려는 게 아니라 내 자신이 줄곧 기준에 한참 미달임을 알며 분투하는 동료로서 도전을 주려는 것이다. 나도 다른 사람들과 크게 다르지 않다. 손가락질이 나를 향해도 나는 할 말이 없는 사람이다. 그러므로 우리는 다시 누가복음 6장 36절과 거기 담긴 약속, 곧 "너희 아버지의 자비로우심"으로 돌아가야 한다. 우리가 자비롭지 못할 때 그분은 자비롭다. 우리가 다른 사람들에게 자비롭지 못하고 그분께 돌아와 이것을 인정할 때 그분은 변함없이 우리에게 자비롭다. 주님은 우리에게 언제나 자비로우실 것이다.

교회의 판단주의

어쩌면 개혁주의 교회들, 순수한 신학과 정결한 도덕과 교회 구성원에 대한 분명한 기대를 유지하려는 열망이 강한 교회들이 예수님이 여기서 하시는 말씀과 반대 방향으로 갈 위험이 가장 클 것이다. 우리가 늘 경계해야 하는 것은 모호한 신학적 입장을 취하게 되거나 아무 입장도 취하지 않게 되거나 그 무엇이나 그 누구에게도 도전하지 않게 되는 것이다.

그렇다고 예수님은 우리에게 반대편 극단을 취하라고 하시는 것도 아니다. 다시 말해, 우리가 우리의 교리를 확립하고 우리의 도덕규범을 잘 정립하며 우리 교회의 등록과정을 잘 운영하기에 흐뭇하고 그래서 우리와 "일치하지" 않는 개인이나 교회, 곧 우리가 생각하기에 우리만큼 잘 살지 못하는 사람들에게 거친 판단주의를 들이대라고 하시는 게 아니다.

우리는 모두 타고난 본성상 양 극단 중 어느 한 쪽으로 치우치는 경향이 있다. 아이들에게 만약 자신이 교장 선생님이라면 무엇을 하고 싶으냐고 묻는다면 싱글벙글하며 모든 교칙을 없애고 모두 자신이 하고 싶은 대로 하게 두겠다고 말하거나, 반대로 평소 꿈꾸던 온갖 교칙을 만들어 학생들의 다양한 위반에 빠짐없이 벌점을 매기겠다고 말할 것이다. 핵심은 우리 가운데 많은 사람이 지도자의 위치를 이용해 자신만의 기준을 세우고 다른 사람들을 판단하며 정죄하길 즐긴다는 것이다.

실제로 우리는 다른 사람들을 무섭게 판단한다. 왜 그런가? 서로의 마음을 읽을 수 없기 때문이다. 우리는 서로의 동기를 정확하게 파악할 수 없고, 다른 사람들이 짊어진 짐의 무게를 알 수 없다. 그러므로 우리는 정죄할 때 더없이 신중해야 한다. 다른 사람들에 관해 말할 때 더없이 신중해야 한다. 그리스도인들은 다른 사람들을 비판하거나 비교를 통해 자신을 돋보이게 하는 매우 교묘한 방법이 있지만, 사실 이것은 영적 관심이나 기도 요청으로 포장된 지적질이다. 이것은 눈치 채거나 뿌리 뽑기 어렵다. 그러나 말에

관한 성경의 지혜를 마음에 새기는 것이 첫 걸음을 내딛는 좋은 방법이다. 예를 들면, 이런 것들이다.

두루 다니며 한담하는 자는 남의 비밀을 누설하나 마음이 신실한 자는 그런 것을 숨기느니라(잠 11:13).

듣기는 속히 하고 말하기는 더디 하며 성내기도 더디 하라(약 1:19).

이러한 하나님의 지혜를 마음에 새기면 스스로에게 "이 말은 친절하고 참이며 꼭 필요한가?"라고 묻는 법을 배울 수 있다. 우리가 입으로 무언가를 내뱉기 전에 이런 기준을 통해 걸러낸다면 말을 훨씬 적게 할 것이다. 백여 년 전, 소셜미디어가 빠르게 판단하고 생각 없이 말하는 우리의 능력을 촉진하기 이전 시대에, 시인 그레이스 캐슬(Grace Castle)은 이렇게 자신의 통찰을 기록했다.

우리가 단 하루 동안 하는 모든 말이
한 마디도 빠짐없이 흑백 잉크로
매일 밤 기록된다면
틀림없이 읽기에 이상하리라.

우리가 눈을 감기 전
그 모든 기록을 다 읽어야 한다면
우리는 한숨을 내쉬며
말을 훨씬 덜 하려고 애쓰지 않겠는가?

내 생각에 인생의 엉킨 실타래에서
그 많은 꼬임이 절반 넘게 풀릴 것 같다.
내가 하는 말을
단 하루라도 절반으로 줄이고
말하지 않은 채 남겨둔다면.(주 8)

 우리가 다른 사람의 처지가 되어볼 준비가 되어 있다면, 우리가 황금률에 순종해 우리 자신을 위해 바라는 것을 솔직하게 그들을 위해서도 바랄 준비가 되어 있다면, 비열함을 관대함으로, 거침을 이해로, 잔인함을 인자함으로 대체할 준비가 되어 있을 것이다. 이렇게 하면 우리는 부정적 선언을 통과해 긍정적 선언에 이른다. 예수님은 "비판하지 말라"고 말씀하신다. 예수님은 "정죄하지 말라"고 말씀하신다. 대신에 용서하고 주라고 말씀하신다.

용서가 길이다

"용서하라." 이 익숙하지만 부담스러운 명령을 진지하게 받아들일 때 우리의 관계에 어떤 변화가 일어날지 생각해 보라. 여기서 "용서하라"로 번역된 헬라어 아폴루오(apoluo)는 실제로 "풀어주다"(release)라는 뜻이다. 개인과 가족과 부부와 교회와 이웃의 삶을 옭죄는 속박은 "용서하라"는 간단한 명령에 순종하려 하지 않는 게 원인이기 일쑤다. "용서하라"는 말은 "그 일은 잠시 잊어라. 그러면 다 지나가고 사라질 것이다"라는 말과 다르다. 용서는 실제로 하나님의 말씀이 이끌고 하나님의 영이 가능하게 하는 의지의 행동, 누군가 내게 잘못했음을 알지만 그를 정죄하는 대신 용서하는 행동이다.

다시 말하건대, 용서는 하나님의 자녀된 우리가 아버지를 닮아가는 여정을 살아내는 것이다. 우리가 용서해야 하는 것은 우리가 용서받았음을 알기 때문이다. 우리가 용서할 수 있는 것도 우리가 용서받았음을 알기 때문이다. 윌리엄 셰익스피어는 『베니스의 상인』에서 이렇게 썼다.

그대는 정의를 호소하지만 잘 생각해 보게
정의만 좇는다면 아무도 구제받지 못할 걸세.
우리는 자비를 베풀어 달라고 기도하며
바로 그 기도가 우리 모두에게 가르친다네
자비를 베풀라고.

우리가 마음 깊은 곳에서 누군가를 용서하길 거부할 때마다, 이것은 차갑고 의도적인 선택이다. 당신과 내가 이 차갑고 의도적인 선택을 할 때마다, 우리는 그 사람에게 벌을 주기로 결정하고 있다. 사실, 19세기 시인이자 목회자 조지 맥도날드는 용서하지 않음은 살인보다 나쁠 수 있다고까지 하면서 "후자는 그 순간 마음에 이는 충동일 수 있지만 전자는 차갑고 의도적인 마음의 선택이기" 때문이라고 했다.

그러나 우리는 용서하지 않기로 선택할 때 용서받지 못한 사람을 벌하고 있을 뿐 아니라 스스로를 무덤에 묻고 있다. 우리는 원한에 얽매일 때 스스로 만든 지하 감옥에 살기 때문이다. 다시 말해, 우리는 용서하지 않는 자신의 마음에 속박된다. 일본 속담에 이런 말이 있다. "복수를 선택하는 자는 두 개의 무덤을 파야 한다. 자신이 그 중 하나에 들어갈 것이기 때문이다."

이 속담이 우리의 삶에서 어느 부분에 딱 와 닿는지 모르겠다. 그러나 확신컨대, 어딘가에 가 닿을 것이다. 우리는 대부분 원한을 품고 있거나 과거에 당한 잘못된 일을 떠올리며 원망에 다시 불을 지피기로 선택하고 있거나 누군가 우리에게 또는 우리가 사랑하는 사람에게 지은 죄 때문에 그 사람을 경멸하고 있다. 예수님은 우리가 당한 잘못된 일이 중요하지 않다고 말하라고 하시는 게 아니다. 그 일이 중요하지만 우리는 어쨌든 그 사람을 용서한다고 말하라고 하신다. C. S. 루이스는 이것을 이렇게 설명한다.

> 용서한다는 것은 눈감아준다는 뜻이 아닙니다. 많은 사람이 용서를 눈감아주기라고 생각하는 것 같습니다. 여러분이 이들에게 누군가를 용서하라고, 자신들을 속이거나 괴롭힌 사람을 용서하라고 한다면 이들은 실제로 속임도 없었고 괴롭힘도 없었다며 여러분이 자신들을 이해시키려 든다고 생각합니다. [바꾸어 말하면, 여러분은 "그래요. 그 일은 실제로 일어나지 않았어요"라고 말하고 있는 것입니다.] 그러나 이게 사실이라면 용서할 게 없을 것입니다. 이들은 계

속해서 이렇게 답합니다. "하지만 분명히 말하건대, 그 사람이 아주 중요한 약속을 어겼다고요." 그렇습니다. 이들은 바로 이것을 용서해야 합니다. 이것은 여러분이 이들의 다음 약속을 반드시 믿어야 한다는 뜻이 아닙니다. 이것은 여러분의 마음에 남아 있는 원한의 찌꺼기를 모조리 죽이고 이들에게 굴욕을 안기거나 상처를 주거나 되갚아 주고픈 마음을 모조리 죽이려 모든 노력을 기울여야 한다는 뜻입니다.(주 9)

덧붙여 말하건대, 용서하지 않는 태도는 우리 문화가 죄의 개념과 죄책감의 실체에 등을 돌린 결과다. 물론, 우리는 자신이 지은 죄가 아니라 누군가 우리에게 지은 죄에 죄책감을 느낄 필요가 없다. 그러나 우리 사회는 우리에게 말한다. 실수란 거기서 배움을 얻어야 할 경험일 뿐이고, 우리를 행복하게 해 주리라고 느껴지는 것을 따르기 위해 사람들에게 상처를 주는 일은 안타깝지만 필요하며, 도덕적 죄책감은 케케묵고 해로운 개념이라는 것이다. 우리의 사과는 약하고 마음 내키지 않으며 책임을 회피하려는 게 되어 버렸다. (기분 상하셨다니 죄송해요. 하지만 그런 말을 하다니, 뭔가에 잔뜩 짓눌렸었나 봐요.) 그러나 내게 죄가 없다면 용서를 구할 수 없다. 내가 누군가에게 용서를 구하지 않는다면 그에게서 내가 용서받았다는 말을 들을 수 없다. 그러므로 우리를 포함한 숱한 사람이 뭐라 이름 붙일 수 없는 늘 찜찜한 느낌으로, 용서받지 못하고 용서하지 않은 채 살아간다.

영국의 전도자 리코 타이스(Rico Tice)는 "죄송해요. 제 잘못이에요. 용서해 주세요"가 모든 관계에서 가장 중요한 세 문장이라고 말한다.(주 10) 예수님은 우리에게 어떻게 용서를 구하고 또 어떻게 용서하는지 보여주신다. 결혼생활을 어떻게 유지하는지 알고 싶은가? 용서하라! 물론 결혼생활은 용서가 전부는 아니지만 용서 없이 지속될 수 없다. 누군가 우리에게 죄를 지을 때 어떻게 교회를 떠나지 않을 수 있는지 알고 싶은가? 그 사람을 용서하라. 필요하면, 그 사람을 찾아가 그가 어떻게 우리에게 상처를 주었는지 말하되 마지막에는 그 사람을 용서하라.

정죄인가 용서인가? 둘 다는 안 된다

용서하려면, 먼저 지적질하는 태도를 버려야 한다. 용서와 지적질은 함께할 수 없기 때문이다. 둘 중 하나만 선택해야 한다. 이것은 예수님이 들려주신 그 유명한 탕자 비유에서 분명하게 드러난다(눅 15:11-32). 둘째 아들이 아버지의 유산을 챙겨 모조리 탕진하고 집에 돌아왔을 때, (하나님을 상징하는) 아버지가 달려 나가 그를 끌어안고 그에게 새 옷을 입히고 각종 보석으로 그를 단장한다. 그러고는 큰 잔치를 연다. 심판과 정죄는 없고 용서와 회복만 있다.

뒤이어 모든 일을 제대로 한 형이 들에서 돌아온다⋯

"이게 도대체 무슨 일이야?"

아버지가 대답한다. "얘야, 네 동생이 돌아왔단

다! 꿈만 같구나! 그래서 축하하려고 잔치를 열었단 다."

"뭐라고요?!"

"네 동생이 돌아왔단다! 들어가자꾸나!"

"잠깐만요. 저한테는 잔치 비슷한 것도 열어주신 적 없잖아요. 저 놈은 아버지 돈을 창녀에게 다 갖다 바쳤다고요. 저는 여기서 새빠지게 일만 했고요. 그런 데 이게 말이 되냐고요. 저 놈이 돌아온 걸 절대로 축하할 수 없어요. 저 놈을 다시 받아들이지 말았어야 했어요. 저 놈이 한 짓을 잊으셨어요?"

예수님은 말씀하신다. "너희 아버지의 자비로우심 같이 너희도 자비로운 자가 되라." 여기 응어리진 매듭을 푸는 열쇠가 있다. 하나님이 우리를 너무나 사랑하셔서 그분의 아들을 보내 죽게 하셨다. 그 아들을 믿는 자는 누구든지 멸망하지 않고, 용서하며 용서받고 살게 하기 위해서다. 하나님에게 용서받고 다른 사람들을 용서하며 살고 영원히 살게 하기 위해서다. 우리에게는 구주가 필요하며 구주가 있다. 그분의 피가 우리를 모든 죄에서 깨끗하게 하며, 그분의 영이 우리로 우리의 아버지를 조금씩 더 닮을 수 있게, 판단하지 않는 법을 배우고 정죄하지 않기로 선택하며 용서하는 법을 배울 수 있게 한다.

 이 말씀을 진지하게 받아들일 준비가 되어 있다면 이 말씀은 우리의 삶에 극적인 영향을 미칠 것이다. 우리의 삶은 비록 모양은 달라도 저마다 그만한 아픔들이 있지만, 그래서 서로의 사정과 형편을 뭉뚱그리기 어렵겠지만, 그럼에도 우리 모두의 삶에 이 말씀이 공통적으로 적용될 부분이 많다는 것은 안다. 몇 해 전, 이 구절을 묵상할 때 하나님의 성령께서 내게 말씀하셨다. "잘 들어라. 지금부터 어느 때까지든 단 하나로 알려진 사람이 되고 싶다면 용서의 사람이 되어야 하지 않겠느냐?" 나는 지금껏 47년을 목사로 살았고, 그 동안 숱한 기쁨과 격려를 누렸으나 내가 섬기는 교회 밖에서, 때로는 안에서 숱한 상처를 받기도 했다. 나는 기도하는 마음으로 신속하고 온전한 용서를 목표로 삼았다. 즉 문제를 해결하고 용서한 다음, 누군가 내게 잘못한 일을 마음에 담아두거나 다른 사람들에게 말하지 않기로 했다. 이것이 늘 쉽지는 않았으며, 때로 매우 어려웠고 늘 마땅히 그랬어야 하는 만큼 재빨리 용서하지는 못했으나 용서하면 자유로워졌다.

정죄를 그치고 용서의 사람이 되라. 이것이 예수님이 우리 모두에게 요구하시는 것이다. 용서는 정말이지 급진적인 선택이다. 하지만 용서가 얼마나 많은 관계를 회복하겠는가? 용서가 얼마나 많은 마음을 자유하게 하겠는가? 얼마나 많은 사람이 그리스도께 인도되고 그분이 내미시는 용서를 누리겠는가?

후함이 넘치는가?

어떤 의미에서, 용서는 후함(generosity)의 부분집합이다. 후함이란 다른 사람들에게 그들이 마땅히 받아야 할 것보다 많이, 우리가 돌려받을 수 있을 만한 것을 전혀 고려하지 않은 채 주는 것이기 때문이다. 그러므로 예수님은 이렇게 말씀하신다.

주라 그리하면 너희에게 줄 것이니 곧 후히 되어 누르고 흔들어 넘치도록 하여 너희에게 안겨 주리라(눅 6:38).

하나님 나라의 백성은 후한 사람들이다. 우리가 하나님의 자녀로 살면서 주변 사람들에게 줄 때 약속은 무엇인가? "너희에게 줄 것이니"(38절). 여기서 주의해야 한다. 예수님은 마치 후함이 우리에게 좋은 투자와 같아서 꽤 높은 수익이나 배당을 돌려줄 것이므로 후히 주라고 말씀하시는 게 아니다. 후함이 다른 사람이 아닌 우리 자신을 위한 것이라면 후하다고 말할 수 없다. 결코 아니다. 예수님은 이렇게 말씀하고 계신다. 하나님은 후하길 좋아하신다. 그러므로 하나님의 자녀, 곧 그분의 후하심의 수혜자들도 이러한 후함을 보여주어야 한다. 어쨌든, 우리가 아무리 많이 주더라도 하나님보다 많이 줄 수는 없다.

예수님은 여기서 그림 언어(비유)를 사용해 주기 (나눔, 베풂)와 관련해 하나님이 어떤 분이신지 설명하신다. 나는 어렸을 때 동네 빵집에서 엄마 주려고 쿠키를 사곤 했다. 쿠키는 항아리에 담긴 채 진열되어 있었다. 내가 빵집 주인에게 이를테면 반 파운드라고 하면 옆에 있던 점원이 반 파운드짜리 봉투를 꺼내 큰 스푼으로 쿠키를 퍼 담았다. 그러고 나면 거의 매번, 주인이 아주 후하게도 쿠키가 담긴 봉투를 살짝 흔들어 위쪽에 공간을 만들고 거기에 쿠키를 더 담기를 몇 번 반복했다. 그래서 마지막에는 쿠키가 봉투 위로 수북이 쌓였다. 놀라운 후함의 표현이었다. 이것이 여기서 사용된 이미지다. "후히 되어 누르고 흔들어"(38절). 예수님의 첫 청중이 실제로 상상했을 그림은 쿠키가 아니라 곡물이었다. 그 시대에, 사람들은 곡물을 운반할 때 웃옷 밑 부분을 벨트 위쪽에 헐렁하게 묶어 곡물을 부어 담을 공간을 만들었다. 그러나 예수님의 이미지에서 곡물을 붓는 사람은 가능한 최대치를 부어 담아 주기로 마음먹었기에 넘칠 때까지 부어 담고 누르기를 반복한다.

예수님은 말씀하신다. "이것이 하나님이 주시는 방식이다. 그분은 풍성하게, 넘치도록 주시며 늘 이렇게 하신다. 나는 너희도 그분의 백성으로서 이렇게 주길 바란다."

내가 학교에 다닐 때, 근처에 엔트위슬 아저씨가 운영하는 가게가 있었다. 우리는 점심시간이면 그 가게에 가서 탄산음료를 사곤 했다. 당시에는 탄산음료를 유리병에 담아 팔았고, 병뚜껑도 지금과 달리 돌려서 여는 방식이 아니었기에 엔트위슬 아저씨가 병따개로 따줘야 했다. 그래서 아저씨가 보지 않을 때, 우리는 탄산음료 병을 세게 흔들어 카운트에 올려놓고 아저씨가 따주길 기다렸다. 아저씨가 병뚜껑을 따면 내용물이 그의 셔츠를 비롯해 사방으로 튈 터였다. 아저씨는 이내 우리의 장난에 적응해 우리가 탄산음료 병을 카운터에 올려놓으면 물끄러미 보다가 우리에게 병따개를 건네며 말했다. "흔들어 놓은 것 같은데. 너희가 직접 따렴."

사람들에게 우리는 "흔들어 놓은" 사람으로 보여야 한다. 누가 우리의 옆구리를 아주 살짝만 찔러도 후함과 용서와 연민이 터지듯 흘러 넘친다는 것을 사람들이 알아야 한다. 우리 안에 있는 것은 지적질이나 비판이 아니라 급진적 자비와 친절이라는 것을 알아야 한다. 바꾸어 말하면, 때때로 삶이 우리를 찌를 때 우리 안에서 무엇이 터져서 흘러 넘치는가? 타락한 세상, 지적질하고 까칠한 세상에서, 우리는 하나님의 용서와 후하심을 누림으로써 하나님이 어떻게 다른지 보여줄 놀라운 기회가 있다. 우리가 흔들려 쓰러질 때 지적질이나 비판이 아니라 하나님의 용서와 후하심이 우리에게서 우리를 쓰러뜨린 사람들을 비롯해 다른 많은 사람들에게 터지듯 흘러갈 수 있다.

평지설교 6

순전한 삶

"나무는 각각 그 열매로 아나니"(눅 6:44).

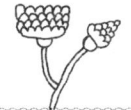

학교 다닐 때 시험 보던 일이 지금도 문득문득 떠오른다. 그 순간이 기억난다. 우리는 모든 준비를 끝내고 자리에 앉는다. 선생님이 "이제 시험지 뒤집으세요"라고 말한다. 나는 시험지를 뒤집어 첫째 문항을 읽고는 재빨리 주변을 두리번거리며 다들 나처럼 쩔쩔매는지 본다. 이따금 답안지를 술술 써 내려가는 친구들을 부럽게 쳐다볼 때면 선생님이 슬그머니 내 옆에 와서 속삭였다. "벡, 두리번거리지 말고 자신에게 집중하세요."

이것이 예수님이 평지설교의 셋째 단락으로 옮

겨가면서 우리에게 하라고 말씀하시는 것이다. 예수님은 참 그리스도인의 삶을 나타내는 표식은 가치관의 완전한 반전과 유별난 사랑이라고 하셨다. 이제 예수님은 여기에 순전한 삶이 포함된다고 덧붙여 말씀하신다.

예수님이 요구하시는 순전한 삶은 우리에게 자신을 돌이켜 살피라는 명령이기도 하다. 예수님은 이렇게 말씀하고 계신다. "이 설교를 읽을 때, 이것이 다른 사람들과 그들의 영적 상태에 어떻게 적용되는지 생각하지 말라. 네 자신과 네 자신의 영적 상태에 집중하라." 물론, 이것은 우리에게 매우 불편한 일이다. 그러나 예수님은 일관되게 말씀하신다. 심지어 우리에게 네 가지의 그림(비유)을 보여주시면서, 자신을 돌이켜 부지런히 살피라고 요구하신다.

맹인을 인도하는 맹인

맹인이 맹인을 인도할 수 있느냐 둘이 다 구덩이에 빠지지 아니하겠느냐(눅 6:39).

번잡한 길을 건너려는 시각장애인이 있다. 누군가 다가가 안전하게 건너도록 도와주겠다고 한다. 그러나 상상해 보라. 차들이 쉴 새 없이 오가는 4차선 도로다. 넓고 번잡한 이 길을 건너려 하는 시각장애인을 돕겠다고 나선 이가 정작 그처럼 앞을 보지 못하는 사람이다. 앞을 보지 못하는 사람이 자기와 다르지 않게 앞을 보지 못하는 사람의 손을 이끌고 번잡한 길을 건너려 한다. 위 구절은 바로 이러한 상황이 불러올 재앙을 가리킨다. 이것이 예수님이 하시는 말씀의 핵심이다.

예수님 당시의 청중은 차들이 오가는 4차선 도로를 건널 필요가 없었다. 하지만 위 말씀이 묘사하듯이 여기저기 구덩이와 웅덩이가 있는 그리 안전하지 않은 길에는 익숙했다. 실제로 한눈을 팔거나 발을 헛디뎌 거기에 빠진 경험도 있었을 것이다. 그러니 어느 시대에 살든 간에, 예수님의 질문에 답하기란 어렵지 않다. (학교에서 시험지를 뒤집을 때 첫 문항이 이런 것이었다면 대환영이었을 것이다.)

 질문: 시각장애인이 시각장애인을 안전하게 인도할 수 있습니까?
대답: 아니오.
질문: 둘 다 이내 구덩이에 빠질 가능성이 높습니까?
대답: 예.

 예수님은 길잡이 역할을 할 수 있다고 생각하는 시각장애인의 어리석음과 누구든 그런 길잡이를 따르는 자의 어리석음을 함께 지적하신다.
 이 말씀이 예수님이 지금껏 이 설교에서 하신 말씀과 어떻게 연결되는가? 예수님은 바리새인들의 해석과 가르침에 익숙한 1세기 유대인 청중을 가르치고 계신다. 바리새인들은 예수님의 말씀과 행동에 강한 반감을 갖고 있었다. 누가복음 6장 앞부분에서 이런 일이 있었다. 예수님이 안식일에 회당에서 손 마른 사람과 마주치셨을 때 팽팽한 긴장이 흘렀다. "서기관과 바리새인들이 예수를 고발할 증거를 찾으려 하여 안식일에 병을 고치시는가 엿보니"(7절). 이들은 자신들이야말로 하나님을 위해 사는 법을 가장 잘 안다고 선전했으며, 따라서 누구라도 자신들이 제시한 거룩의 길에서 벗어나는지 눈을 부라리며 지켜보고 있었다. 이들은 영적 길잡이가 필요하면 바리새인을 찾으라고 말했다. 그런데 예수님은 청중에게 이들을 조심하라고 경고하신다. 우리가 눈이 어두워 길을 볼 수 없는데 마찬가지로 앞을 볼 수 없는 또 다른 사람이 적합한 길잡이일 수 있겠는가? 이런 사람을 길잡이로 삼았다간 재앙을 만난다. 예수님은 마지막 날 이들의 책임을 분명히 하신다. 제자들이 예수님께 말한다. 예수님의 가르침이 바리새인들의 심기를 건드렸다는 것이다. 그러자 예수님은 이렇게 답하신다. "그냥 두라 그들은 맹인이 되어 맹인을 인도하는 자로다 만일 맹인이 맹인을 인도하면 둘이 다 구덩이에 빠지리라"(마 15:14).

영적 문제에서 중립이란 없다. 선생은 언제나 진리 아니면 거짓을 가르칠 뿐이다. 중간은 없다. 선생을 자처하는 사람이 앞을 볼 수 있는지 없는지를 확인하는 시력 검사가 있다면, 그것은 선생이 좋은 사람인지, 설득력이 있는지, 인기가 있는지, 똑똑한지 그렇지 못한지를 알아보는 테스트가 아니다. 선생이 성경의 진리를 가르치고 있는지 아닌지를 확인하는 테스트다. 종교 문제나 존재 문제에서 진리를 말하지 않는 사람들은 선하지 못하다. 이들은 위험하다. 이들은 강단에 설 때 가장 위험하다. 이들은 앞을 보지 못하는 길잡이이며, 우리를 웅덩이와 구덩이로 이끌어간다. 바꾸어 말하면, 이들은 사람들을 하나님 나라로 이끄는 게 아니라 하나님 나라에서 끌어내고 있고, 복으로 이끄는 게 아니라 복에서 끌어내고 있다. 그러므로 어떤 대가를 치르더라도 이들을 피해야 한다.

선생과 제자

제자가 그 선생보다 높지 못하나 무릇 온전하게 된 자는 그 선생과 같으리라(눅 6:40).

예수님 당시, 제자는 선생을 사실상 전적으로 의지하며 선생의 지도와 가르침을 받았다. 제자는 선생과 함께 걸었고, 선생과 함께 먹었으며, 대개는 선생과 함께 살았다. 그러므로 제자들은 선생과 함께하고 대화하면서 선생에게 배웠다. 아들이 인생에서 아무리 잘 나가더라도 언제나 아버지에게 아들이며, 학생은 학문적 능력이 첫 선생을 아무리 능가하고 뛰어넘더라도 선생에게 진 빚을 인정해야 한다. 우리는 때로 누군가 박사학위를 받거나 학문 분야에서 상을 받거나 영예를 얻을 때 이렇게 말하는 것을 듣는다. "오늘이 있기까지 고등학교 과학 선생님께 [또는 그게 누구든] 많은 빚을 졌습니다." 이들은 자신의 첫걸음이 그 선생님 덕분이며, 학문 분야에서 자신이 여기까지 온 것은 상당 부분 그때 그 선생님이 자신을 가르치고 이끌어주며 빚어주셨기 때문이라고 인정한다.

예수님은 앞선 그림 언어(비유)에서 시작했던 가르침의 핵심을 다시 강조하신다. 앞을 보지 못하는 선생을 선택하면 보는 법을 배우지 못한다. 바리새인들이 눈이 멀었다는 것은 무슨 뜻인가? 믿지 않았다는 뜻이다. 가장 위험한 것은 이들이 진리를 믿지 않았다는 게 아니라 자신들이 진리를 믿지 않는다는 것을 알지 못했다는 것이다. 이들은 스스로 속았다. 다시 말해, 자신들이 볼 수 있다고 생각했지만 사실은 눈이 멀었다. 자신들이 어떻게 구원받는지를 분명하게 본다(안다)고 생각했지만 사실은 완전히 어둠 속을 헤맸다. 가능한 최악의 선생은 누구인가? 완전히 스스로에게 속아 자신은 이렇게 저렇게 가르치고 있다고 자신만만하게 주장하지만 사실은 정반대로 가르치는 사람이다.

따라서 예수님의 첫째와 둘째 그림 언어는 우리에게 걸음을 멈추고 스스로 묻게 한다. 우리는 누구에게 귀를 기울이는가? 누가 삶을 대하는 우리의 태도에 가장 큰 영향을 미치는가? 우리가 인생의 번잡한 도로를 건널 때 우리를 이끌어 주리라 믿고 의지하는 선생은 누구인가? 다른 것은 몰라도 그 선생은 하나님의 말씀을 통해 예수님과 그 진리를 가르치는 사람이어야 한다. 그러지 않으면 앞을 볼 수 없는 자칭 선생의 손에 이끌린 채 우리 역시 눈을 감고 따라가는 꼴이다. 미친 짓이다.

티와 들보

어찌하여 형제의 눈 속에 있는 티는 보고 네 눈 속에 있는 들보는 깨닫지 못하느냐 너는 네 눈 속에 있는 들보를 보지 못하면서 어찌하여 형제에게 말하기를 형제여 나로 네 눈 속에 있는 티를 빼게 하라 할 수 있느냐 외식하는 자여 먼저 네 눈 속에서 들보를 빼라 그 후에야 네가 밝히 보고 형제의 눈 속에 있는 티를 빼리라(눅 6:41-42).

이미 보았듯이, 우리는 자신의 잘못보다 다른 사람의 결점을 들추는 성향이 있다. 우리는 자신의 단점을 무시하거나 변명하거나 얼버무릴 방법을 언제든 찾을 수 있다. (피곤했어요. 누군가 날 도발했어요. 그렇게 나쁘지 않았잖아요. 딱 한 번이었어요. 다들 그렇게 하는 걸요.) 예수님은 이렇게 말씀하신다. "휴대용 영적 스캐너를 가지고 다니면서 주변 사람들을 훑기 전에 자신부터 점검하라." 점검 항목은 이렇다. 지난 한달 동안 다른 사람들이 저지른 잘못보다 자신이 저지른 잘못을 더 많이 알고 있는가? 설교를 들을 때 그 설교가 자신에게 어떻게 적용되는지 먼저 보는가, 아니면 자신이 아는 사람에게 어떻게 적용되는지 먼저 보는가?

우리는 자신을 알고 자신의 실체와 마주할 준비가 되어 있어야 하며, 이것이 다른 사람들을 사랑하기 위한 전제조건이다. 타협불가한 조건이다. 그래야 그들에게 그리스도인으로 살아가라 말할 수 있는 자격이 된다. 스코틀랜드 목회자 로버트 맥체인(Robert Murray M'Cheyne)은 "사람들이 알고 있는 모든 죄의 씨앗이 정작 내 마음에 있다"는 것을 알았다.(주 11) 이 것을 인정할 준비가 되어 있지 않다면, 우리 스스로 낮아져 사랑으로 다른 사람들과 함께하는 게 아니라 콧대를 높이고 교만함으로 이들을 대할 것이다. 교회 권징은 우리 자신에게서 먼저 시작되어야 한다. 다시 말해, 바뀌어야 할 사람은 아내가 아니라 우리라는 것을 인정하는 데서 시작되며, 문제는 동료가 아니라 우리라는 것을 인정하는 데서 시작된다. 그러나 우리 속의 모든 것이 우리가 이런 태도를 취하지 못하게 막는다. 본성상, 우리는 자신이 교만하다는 건 인정하지만 그래도 꽤 괜찮은 사람이라고 생각하고 싶기 때문이다. 우리는 자신의 실수를 똑바로 마주하기보다 다른 사람들의 실수에 주목하길 훨씬 좋아한다.

이 모두를 다루는 예수님의 그림 언어(비유)는 주목할 만하다. 예수님은 다른 사람의 죄를 다룰 필요가 없다고 말씀하지 않으신다. 하지만 순서를 바로 잡아야 한다고 말씀하신다. 우리가 먼저다. 우리 안에 있는 거대한 게 먼저이고 다른 사람들의 작은 것이 그 다음이다. 여기서 "티[끌]"(speck)로 번역된 단어 카르포스(karphos)는 작고 마른 잎사귀를 가리킨다. 이 단어는 70인역, 곧 헬라어로 번역된 구약성경 창세기 8장 21절에서 비둘기가 마른 땅을 발견한 후 노아에게 돌아올 때 물고 온 감람나무 잎사귀를 가리키는 데 사용된다. 이것은 뒷마당에서 갈고리로 긁어모으는 그런 잎사귀다. 그렇다고 이 티끌이 아무것도 아닌 게 아니다. 우리는 이것이 눈에 들어가길 원치 않는다. 그러나 예수님은 건축물을 떠받치는 대들보를 뜻하는 도코스(dokos)를 가져와 이 티끌과 대조하신다. 하중을 받는 대들보는 크고 단단해야 한다.

따라서 자주 그러시듯, 예수님은 우리로 단순하고 쉬우나 깊이 생각하게 만드는 그림 언어로 핵심을 제시하신다. 건축물을 떠받치는 대들보가 우리의 눈에 삐죽 튀어나와 있는데도 이 사실을 전혀 알아차리지 못한 채 돌아다닌다고 상상해 보라. 뒤이어 눈에 조그마한 티끌이 박힌 사람에게 다가가 이렇게 말한다.

"실례합니다. 눈에 티끌이 박혔네요. 꼭 빼내셔야겠어요. 그러면 저처럼 괜찮아질 겁니다. 제가 제거해 드릴게요."

그러면 상대방이 대답한다. "음, 당신이 제 눈의 티끌을 빼내는 게 가능할지 모르겠네요. 조금만 뒤로 물러서 주시겠어요?"

"왜죠?"

"당신의 눈에서 삐죽 튀어나온 것 때문입니다."

"그게 뭔데요?"

"크고 단단한 대들보네요."

"그럴 리가요. 내 눈에는 아무것도 없는 걸요. 그리고 우리는 지금 당신 눈에 있는 티끌에 관해 이야기하려는 거라고요. 내가 아니고요."

예수님은 묻고 계신다. "왜 네 눈의 들보는 솔직하게 다루길 거부하면서 다른 사람의 눈의 티끌을 지적할 권리가 네게 있다고 생각하느냐?" 우리는 거울을 제대로 들여다보길 거부하는 모순덩어리다. 그런데도 왜 우리는 사람들을 불러 세워 커피를 마시자고 하며 그들에게 작은 메모를 건네고 그들의 티끌 때문에 '주님 안에서' 그들을 권면할 권리를 이렇게 저렇게 받았다고 생각하는가?

이렇게 행동하는 사람에게 적합한 단어가 있으며, 예수님은 이 단어를 사용하신다. "외식하는 자"다(새번역 "위선자," 눅 6:42). 많은 사람이 교회를 좋아하지 않고 교회가 전하는 메시지를 받아들이려 하지 않는 이유를 말한다. "교회는 위선자로 넘쳐난다. 교회는 다른 모든 사람과 우리에게 틀렸다고 말하지만 교회라고 더 나을 게 없으며, 사실 더 나쁘다." 이들이 옳다. 변명할 여지가 없다. 예수님이 여기서 말씀하시는 바와 맥이 통한다. 이런 사실이 우리에게 몹시도 불쾌한 것은, 소위 '지적질'이라는 것이 우리 스스로는 좋은 의도에서 친절하게 행동한다고 생각했기 때문이다. 그러나 이것은 실제로 상대방에 대한 배려에서 비롯된 게 아니라 우리 자신의 우월감을 바탕으로 하고 있다. 우리는 우리 속의 죄를 해결하려 하지 않은 채 형제자매의 죄를 찾아내 지적함으로써 죄의 해결을 대리 만족할 수 있고 이로써 회개의 고통을 마주하지 않은 채 의롭다는 감정을 누릴 수 있다고 생각한다. 이것이 위선(외식)이다.

예수님은 우리가 절대로 누군가에게 그 사람의 죄를 드러내거나 그 사람의 잘못된 방향에 대해 경고해서는 안 된다고 말씀하시는 게 아니다. 티끌은 제거해야 한다. 티끌이 있으면 선명하게 보이지 않고 통증이 따르기 때문이다. 그러나 "먼저 네 눈 속에서 들보를 빼라 '그 후에야' 네가 밝히 보고 형제의 눈 속에 있는 티를 빼리라." 우리 자신의 문제를 먼저 해결해야 한다. 예수님은 말씀하신다. "다른 사람에게 비판적인 만큼이나 네 자신에게도 비판적이 되고 네 자신에게 관대한 만큼이나 다른 사람에게도 관대해지는 법을 배워라."

바꾸어 말하면, 엄격한 자기 점검이 선행되어야

하며, 그러면 예수님이 37절에서 언급하신 "비판"을 피할 수 있을 것이다. 먼저 우리 눈의 들보를 제거해야 한다. 그런 다음에야, 비로소 우리는 충분히 밝게 보고 형제의 눈 속에 있는 티끌을 뺄 수 있을 것이다. 우리 안에서 회개와 개혁이 선행되었을 때에야 우리는 다른 사람을 도울 만큼 충분히 밝게 볼 수 있다.

나무와 그 열매

못된 열매 맺는 좋은 나무가 없고 또 좋은 열매 맺는 못된 나무가 없느니라 나무는 각각 그 열매로 아나니 가시나무에서 무화과를, 또는 찔레에서 포도를 따지 못하느니라 선한 사람은 마음에 쌓은 선에서 선을 내고 악한 자는 그 쌓은 악에서 악을 내나니 이는 마음에 가득한 것을 입으로 말함이니라(눅 6:43-45).

가시나무와 찔레가 무화과와 포도를 생산할 수

는 없다. 열매를 보면 무슨 나무인지 알 수 있다. 그러므로 좋은 나무인지 나쁜 나무인지 알고 싶다면 열매를 보면 된다. 이 그림 언어의 핵심은 단순하다. 어떤 사람이 참 제자인지 아닌지 보여주는 것은 그의 삶의 열매다.

그렇다면 우리가 맺어야 하는 '열매'란 무엇인가? 첫째, 우리의 성품이다. 성령의 열매는 "사랑과 희락과 화평과 오래 참음과 자비와 양선과 충성과 온유와 절제"다(갈 5:22-23). 성령께서 우리 안에 거하시면 이러한 성품들이 우리에게서 점점 분명하게 드러날 것이다. 만일 그리스도인 지도자가 이러한 성품에서 자라지 않는다면, 그는 무슨 말을 하든 평판이 어떻든 간에 앞을 보지 못하는 길잡이일 것이다. 그리스도인을 자처하면서 이러한 성품이 자라지 않는 사람은 교회 활동에 아무리 열심이고 아무리 뜨겁게 기도하더라도 자신이 정말로 예수님을 따르는 자인지 스스로에게 되물어야 한다.

둘째, 우리의 열매는 우리의 언어다. "마음에 가

득한 것을 입으로 말함이라"(마 12:34). 우리가 하는 말의 내용뿐 아니라 어조에서 우리가 참으로 어떤 사람인지 드러난다. 물론, 우리 가운데 그 누구도 말에서 완전하지 못하다. "혀는 능히 길들일 사람이 없다"(약 3:8). 그러나 화내고 분열을 일으키며 교만하고 정죄하는 말은 표준에서 벗어난 일탈의 언어다. 매일 그리고 모든 상황에서, 우리의 말은 부드럽고 관대하며 겸손하고 친절해야 한다.

그러므로 이번에도, 예수님은 우리 자신을 들여다보라고 촉구하신다. 우리가 하루 동안 나누는 대화가 꼼꼼하게 기록된다고 상상해 보라. 식사하며 하는 말, 동료와 커피를 마시며 하는 말, 교회 행사에 참석해 하는 말, 가족과 나누는 말이 모두 기록되어 재생되고 분석된다. 우리가 내뱉은 모든 말의 내용과 어조를 정리하면 어떤 단어로 표현되겠는가? "못된 열매 맺는 좋은 나무가 없고 또 좋은 열매 맺는 못된 나무가 없느니라 나무는 각각 그 열매로 아나니."

이것은 그리스도인 선생들에게도 적용된다. 물

론 그리스도인 지도자들도 완벽하지 않다. 모든 그리스도인처럼, 이들도 목자가 필요한 양이며 구주가 필요한 죄인이다. 이들에게 완벽한 기준을 적용하고 미치지 못했을 때 정죄의 화살을 돌려서는 안 된다. (눅 6:41-42에서, 예수님은 이런 태도를 이미 우리에게 말씀하셨다.) 그러나 시간을 두고 길게 보면, 우리의 선생들을 떠올리며 이렇게 말할 수 있어야 한다. "이분들은 성품과 말이 완전하지는 않지만 바른 방향으로 향하고 있습니다. 이분들은 말씀 앞에서 정직하며 회개에 열려 있습니다. 이분들은 친절하고 겸손하게 말합니다. 우리는 이분들의 성품에서 성령께서 일하심을 볼 수 있습니다." 그 누구라도 자신이 올라가고 있지 않다면 영혼들을 천국으로 이끌 수 없다. 이들은 가야 할 길이 멀지만 반드시 위를 향해 가고 있어야 한다.

하나님 나라의 삶은 순전함(integrity)을 포함한다. 다시 말해, 우리의 내면과 외면이 일치해야 하며, 다른 사람들의 문제를 지적하기 전에 우리 자신의 문제를 인정해야 한다. 그러려면 겸손해야 하고, 누구에게 귀를 기울이고 누구를 본받을지 지혜롭게 선택해야 한다. 그러나 이러한 삶은 복이 있다. 한 발은 보트를 딛고 한 발은 강둑을 딛고 선 사람은 절대로 안정감을 느끼지 못하고 두 발이 점점 멀어질수록 더 불편해지듯이, 한 발은 하나님 나라 안에 두고 한 발은 그 나라 밖에 두고 살려는 사람이나 다른 사람들에게 실제 자신보다 잘 보이려는 사람은 긴장하고 진이 빠지는 경험을 하게 될 것이기 때문이다. 용서받을 줄 알고 자신의 죄를 기꺼이 인정함에 기쁨이 있고, 깊은 생각에 지혜가 있음을 알고 말하기를 더디함에 기쁨이 있으며, 우리가 안팎으로 변화되어 우리의 왕을 점점 더 닮아가는 일에 성령께서 우리 안에서 일하시도록 재빨리 구함에 기쁨이 있다. 이것이 복이 있는 자의 삶이다.

평지설교 7

순종하려는 진정한 갈망

"내게 나아와 내 말을 듣고 행하는 자마다…
집을 짓되 깊이 파고 주추를 반석 위에 놓은 사람과 같으니"
(눅 6:47-48).

그리스도인은 예수님을 주님으로 고백하는 사람이다. 그러나 예수님이 이번 장에서 우리에게 말씀하려 하시듯, 예수님을 주님으로 고백하는 모든 사람이 다 그리스도인은 아니다. 핵심 질문이자 예수님이 평지설교의 결론부에 던지시는 무엇보다 도전적인 질문은 이것이다. "너희의 삶은 너희 입술의 모든 말을 증명하는가?"

이 질문을 슬며시 넘어가려 해서는 안 된다. 이 질문이 다른 사람들에게나 해당될 뿐 우리와는 무관하다고 생각해서도 안 된다. 누가는 평지설교의 서두에서 예수님이 "유대 사방과 예루살렘과 두로와 시돈의 해안으로부터 온 많은 백성"에게 말씀하고 계셨다고 말한다(17절). 그들은 예수님의 "말씀도 듣고 병고침을 받으려고" 찾아온 사람들이다. 바꾸어 말하면, 예수님을 "따르는 자들"이라고 얼핏 부를 수 있을 만했다. 그날 예수님의 말씀을 들으러 온 사람들은 오늘 우리가 여느 주일에 여느 교회에서 볼 수 있는 사람들과 다르지 않았다. 다시 말해, 이들은 관심 있는 사람들, 간절한 사람들, 흥미를 느끼는 사람들, 기대에 찬 사람들, 혼란스러운 사람들, 안주하는 사람들, 신실한 사람들 등 다양한 범주의 사람들이 뒤섞인 무리였다. 어쩌면 이들은 이 책을 집어 들고 읽을 법한 많은 사람들과 다르지 않을 것이다. 이 사람들 속에 나도 있었을 것이고 당신도 아마 이 무리에 끼어 있을지 모르겠다.

예수님은 이렇게 다양한 사람들로 뒤섞인 무리를 향해 이런 질문을 던지신다. "예수님이 진정 너희의 주님이심을 너희는 어떻게 아는가? 어떤 근거에서 그렇게 말할 수 있는가? 너희는 너희가 진정 그분의 나라에 살고 있음을 확신하는가?" 예수님은 1세기의 무리들뿐 아니라 오늘 우리를 향해 진정 그분을 왕으로 모신다는 게 무슨 뜻인지 분명한 확신을 갖기 바라셨다.

   그것을 위해 예수님은 진정으로 그분을 따른다고 정확히 말할 수 있는 사람들의 삶이 어떠할지 이미 보여주셨다. 첫째, 이들은 오랜 세월 이어져 온 문화 가운데, 그리고 오늘 우리 문화에도 만연해 있어 상식으로 통하는 가치관을 뒤집는다. 이들은 세상이 비루하다고 생각하는 것을 높이 평가하고, 세상이 바람직하다고 여기는 것에 의구심을 제기한다. 다시 말해, 이들은 우리가 세상을 보는 방식과 다른 사람들이 세상을 보는 방식 사이에, 우리가 삶에서 강조하는 것과 다른 사람들이 삶에서 강조하는 것 사이에, 우리가 말하는 방식과 다른 사람들이 말하는 방식 사이에 불협화음이 있으리라는 것을 받아들인다. 이들은 이렇게 말할 수 있다. "전에는 이렇게 사는 게 행복했어요. 전에는 이렇게 말할 수 있었어요. 전에는 이런 농담에 웃을 수 있었어요. 전에는 이런 불의를 모른 체할 수 있었어요. 이제는 그럴 수 없습니다. 그러고 싶지도 않고요. 예수님이 내 삶의 주인이시기 때문이에요."

둘째, 예수님의 주님되심을 당당하게 선포할 수 있는 사람들은 아주 별난 사랑을 보여줄 수 있다. 이 사랑은 호혜적 사랑, 곧 "네가 내 등을 긁어주면 나도 네 등을 긁어줄게" 같은 사랑과 다를 뿐더러 피상적 사랑, 곧 일상적 관계에서 가능한 친절과도 다르다. 이 사랑은 우리를 향한 하나님의 사랑과 같은 범주에 있다. 은혜를 모르는 사람들과 악인들을 변함없는 호의로 대하는 사랑이며, 제한 없는 용서와 너그러움으로 표현되는 사랑이다.

셋째, 진정 예수님을 주님으로 모신 사람들은 순전한 삶을 살기 시작한다. 다시 말해, 이들은 자신의 단점과 죄를 재빨리 고백하고 다른 사람들도 그렇게 하도록 다정하게 도우며 "마음에 가득한 것을 입으로 말할" 도전을 마주할 준비가 되어 있다(45절).

넷째, 예수님을 주님으로 모시며 그분을 알아가는 사람들은 이런 사실들을 그분께 순종하려는 진정한 갈망을 통해 분명하게 드러낸다.

그러므로 우리가 예수님의 말씀을 듣고 나서 무엇을 하느냐는 우리의 정체성을 드러내고 영원한 운명을 알려주는 커다란 표식이다. 흔히 말하듯 예수님은 길이시지만, 그 길은 갈림길이다. 이것이 시므온이 아기 예수를 품에 안았을 때 예언적으로 깨달은 내용이다. 그는 마리아와 요셉에게 이렇게 말했다. "이는 이스라엘 중 많은 사람을 패하거나 흥하게 하며 비방을 받는 표적이 되기 위하여 세움을 받았고… 이는 여러 사람의 마음의 생각을 드러내려 함이니라"(눅 2:34-35). 세례 요한이 자기 뒤에 오실 분을 가리키면서 예언적으로 계시한 내용이기도 하다. "손에 키를 들고 자기의 타작마당을 정하게 하사 알곡은 모아 곳간에 들이고 쭉정이는 꺼지지 않는 불에 태우시리라"(눅 3:17). 시므온과 요한은 이렇게 말하고 있었다. 예수 그리스도의 주님되심 아래 엎드리는 자들을 그분이 친히 모으시고, 그 백성들은 자신들을 위해 예비된 모든 것을 영원히 누릴 것이다. 그러나 그분의 주님되심 아래 엎드리길 거부하는 자들은 패하고 쫓겨나며 그분 없이 영원을 보낼 것이다.

그러므로 예수님을 주님으로 섬긴다는 우리가 예수님의 말씀을 듣고, 예수님을 따라, 예수님과 더불어 무엇을 하느냐보다 중요한 질문은 있을 수 없다. 우리의 영원한 삶이 걸린 질문을 다시 해보겠다. 우리는 진정으로 예수님을 주님으로 모셨는가?

정통적이고 열정적이지만 그리스도인이 아닐 수도

설교가 막바지에 이를 무렵, 우리 안에 남아 있는 그 어떤 자기만족이라도 경계하시려는 듯, 예수님은 직설적인 질문을 던지신다. "너희는 나를 불러 주여 주여 하면서도 어찌하여 내가 말하는 것을 행하지 아니하느냐"(6:46). 이 말씀은 명백한 경고다. 예수님은 우리의 내면을 깊이 들여다보고 정직하게 살필 것을 요구하신다. 예수님은 우리의 말과 행동이 크게 다른 부분을 겨누시며, 입술의 고백에 도덕적 순종이 뒤따르느냐고 묻고 계신다.

예수님은 이러한 도전을 한 번만 하신 게 아니다. 마태복음 7장에서, 비슷한 설교를 행하시면서 이렇게 선포하셨다. "나더러 주여 주여 하는 자마다 다 천국에 들어갈 것이 아니요"(21절). 이 말씀을 바로 앞에서 듣고 있다고 상상해 보라. 이렇게 되묻는 게 자연스러운 반응일 것이다. "그러면 누가 천국에 들어가나요?" 예수님은 이렇게 말씀하신다. "그곳에 계신 내 아버지의 뜻을 행하는 자들만 천국에 들어간다." 주님은 뒤이어 이렇게 말씀하신다. "너희가 꼭 알았으면 한다. 내가 구원하고 심판하러 오는 그날, 많은 사람이 이렇게 말할 것이다. '주여 주여 우리가 주의 이름으로 선지자 노릇 하며 주의 이름으로 귀신을 쫓아내며 주의 이름으로 많은 권능을 행하지 아니하였나이까'(22절)." 이렇게 항변하는 사람들의 당당함이 느껴지지 않는가? "주님, 우리는 사역의 맨 앞에 섰습니다. 우리의 은사로 주님을 섬겼습니다. 주님의 이름으로 온갖 일을 할 수 있었습니다." 주님이 어떻게 답하시는가? "그 때에 내가 그들에게 밝히 말하되 내가 너희를 도무지 알지 못하니 불법을 행하는 자들아 내게서 떠나가라 하리라"(23절).

예수님의 백성들이 함께 모여 바른 말을 하고 바른 노래를 부르는 것이 예수님과의 관계를 보여주는 확실한 표식이 아니다.

이 부분을 잠시 생각해 보자. 이들은 분명하게 믿음을 고백하고 적극적으로 사역하는데도 예수님은 이들을 향해 "내가 너희를 도무지 알지 못하노라"고 하신다.

이번에도, 예수님이 말씀하고 계시지 않는 게 무엇인지 분명히 해야겠다. 주님은 입술로 믿음을 고백하는 것이 중요하지 않다고 말씀하시는 게 아니다. 바울은 로마 교회에 보낸 편지에 이렇게 썼다. "네가 만일 네 입으로 예수를 주로 시인하며 또 하나님께서 그를 죽은 자 가운데서 살리신 것을 네 마음에 믿으면 구원을 받으리라"(롬 10:9). 실제로 하나님의 영이 그렇게 할 수 있게 하시지 않으면 "예수는 주님이시다"라고 조금이라도 진실하고 순전하게 말할 수 없다(고전 12:3). 예수님은 믿음을 고백하고 예수님을 신뢰하며 예수님이 주님이라고 입술로 기꺼이 선언하는 것이 중요함을 조금이라도 부정하지 않으신다. 이것은 필수다. 그러나 예수님은 입술로 하는 고백, 곧 정통적이고 열정적이며 공개적인 고백이 진짜가 아닐 수 있다고 말씀하고 계신다. 예수님의 교회를 세우는 일에 쓰임 받으면서도 진정한 그리스도인이 아닐 수 있다는 것이다.

다양한 재능으로 교회를 섬기더라도 진정한 그리스도인이 아닐 수 있다. 완전히 정통적인 신학을 가지며 성경을 아주 잘 알더라도 진정한 그리스도인이 아닐 수 있다. 놀라운 재능을 가졌다는 것은 예수님의 주님되심을 받아들인다는 것과 같지 않으며, 훌륭

한 설교자라는 것도 마찬가지다.

존 스토트는 이것을 아주 간결하게 정리한다.

> 그리스도인의 고백으로 이보다 나은 게 있을 수 있겠는가? 여기 사적 경건과 공적 사역에서 공손하게, 정통적으로, 열정적으로 예수님을 '주님'이라 부르는 사람들이 있다. 이 고백에 무슨 잘못이 있을 수 있겠는가? 그 자체로는 아무 잘못이 없다. 그러나 이 고백의 진실이 삶으로 드러나지 않고 실체가 없는 것이라면 전부 잘못일 수 있다. 이 고백이 심판날 이들을 구원하지 못할 것이다. (주 12)

이런 까닭에, 자신의 삶을 점검하는 개인뿐 아니라 사역이 충실하고 건강한지 평가하는 모두에게, 성경은 거룩한 삶과 순종하는 마음을 강조한다. 우리의 사적 행동은 예수님을 주님으로 따른다는 우리 입술의 주장이 참인지 거짓인지를 우리의 공적 고백만큼 또는 그보다 분명하게 드러낸다. 다시 말해, 우리가

치러야 하는 아주 어려운 진짜 테스트는 우리가 "불의에서 떠나는" 것이다(딤후 2:19).

이 테스트는 우리가 완벽한 삶을 사는 것이 아니라 뭔가를 그만두거나 취하거나 어떤 식으로 바꾸라고 요구하는 예수님의 말씀을 마주할 때 "예, 주님"이라고 답하고 우리에게 어떤 희생이 따르고 주변 세상이 우리를 도무지 이해 못하거나 그보다 심하더라도 우리 안에 거하시는 성령의 능력을 의지해 그분을 향한 순종이 우리에게서 어떤 모습으로 나타나야 하는지 이해하고 그 모습을 유지하는 것이다.

예수님은 100점짜리 성공을 요구하지 않으신다. 당연하게도, 과정에서 실망과 흔들림과 실패가 있을 것이다. 우리는 부르심을 받은 길에서 간혹 멀리 벗어나 있을 테지만 이전의 우리에게서 점점 멀어지고 있기도 할 것이다. 바꾸어 말하면, 다른 사람들이 우리를 이렇게 말할 수 있을 것이다. "너희가 어떻게 우상을 버리고 하나님께로 돌아와서 살아 계시고 참되신 하나님을 섬기는지" 알겠다(살전 1:9). 우리는 달라질 테고, 우리가 달라졌다는 게 주변 사람들에게 분명해질 것이다.

그러므로 우리가 진정한 그리스도인인지 확인하려 할 때, 이것이 그저 확신의 문제인지 아니면 말과 더불어 행동으로도 드러나야 하는 도전의 문제인지 말해 주기에 가장 적합한 사람은 우리가 아니라 예수님을 사랑하고 우리를 잘 아는 누군가일 것이다. 흔히 지혜는, 이와 같은 사랑하는 사람이나 친구에게 우리가 달라지고 성장하는 모습을 그들이 볼 수 있는지, 볼 수 있다면 어디서 볼 수 있는지 말해 달라고 요청하는 것과 같다.

"예수님은 주님이시다"라고 말하는 것이 필수다. 그러나 예수님은 이것으로 충분하지 않다고 하신다. 과연 이 고백이 진짜인지 아닌지는 우리의 행동에서 드러난다.

건물과 배

이제 예수님은 우리에게 익숙한 또 다른 말씀을 하신다. 그러면서 말과 행동의 대비에서 들음과 행함의 대비로 넘어가신다.

> 내게 나아와 내 말을 듣고 행하는 자마다 누구와 같은 것을 너희에게 보이리라 집을 짓되 깊이 파고 주추를 반석 위에 놓은 사람과 같으니 큰물이 나서 탁류가 그 집에 부딪치되 잘 지었기 때문에 능히 요동하지 못하게 하였거니와 듣고 행하지 아니하는 자는 주추 없이 흙 위에 집 지은 사람과 같으니 탁류가 부딪치매 집이 곧 무너져 파괴됨이 심하니라(눅 6:47-49).

나는 건축가가 아니어서 전문 지식은 부족하지만 위의 비유를 이렇게 정리해 보자. 우리가 함께 길을 걷다가 건축 중이며 똑같이 벽채를 쌓고 있는 두

집을 보았다고 하자. 둘 다 벽채를 제대로 쌓고 있다면 둘 사이에 그 어떤 근본적 차이를 볼 수 없을 것이다. 하지만 우리가 함께 길을 가기 몇 주 전에 이런 일이 있었다. 왼쪽 집은 시간을 많이 들여 땅을 깊이 파고 기초를 놓은 데 반해 오른쪽 집은 그냥 평평한 땅에 벽채를 올렸다. 기초를 파지 않은 탓에 건축이 신속히 이루어져 거의 지붕까지 덮은 상태다. 그 사실을 몰랐기에 우리는 이렇게 말하기까지 했을 수 있다. "다음에 집을 지을 일이 있다면 잊지 말고 오른쪽 집 건설업자에게 일을 맡겨야겠어. 그가 훨씬 효율적이라 내 돈을 훨씬 덜 허비할 테고 멋진 집을 훨씬 빠르고 수월하게 지어주겠지." 우리가 이렇게 생각할 만큼 순진하다면, 둘 사이의 그 어떤 차이도 알아채지 못한 것이다.

폭풍이 몰아닥칠 때까지 말이다.

예수님의 이야기에서, 거센 강물에 둑이 무너지고 바람이 구조물을 강타했을 때에야 두 집 사이의 근본적이고 치명적인 차이가 분명하게 드러났다. 건설업자가 "깊이 파고 주추를 반석 위에 놓은" 집은 흔들릴 수 없었다. 기초가 없는 집은 "무너져 파괴됨이 심했다."

이것은 이해하기 어렵지 않다. 우리는 경험으로 이것을 안다. 누구라도 레고 세트로 놀아 보았다면 기초가 얼마나 중요한지 안다. 누구라도 바닥에 뭔가 박아보았다면 제대로 박는 게 얼마나 중요한지 안다. 제대로 박는 것은 일반적으로 빨리 박거나 성의 없이 박는 것과 다르다. 때때로, 폭풍이 오하이오 북동부를 휩쓸고 지나간 후 차를 몰고 지나다가 보면 어떤 우편함은 멀쩡하게 서 있는데 어떤 우편함은 바닥에 쓰러져 있다. 폭풍 끝에 쓰러져 있는 숱한 우편함은 어느 주말 오후에 급하게 세웠을 테고, 그 집에서 이런 대화가 오갈 거라는 생각이 든다.

"좀 더 깊이 파고 콘크리트를 부었다면 좋았지 않았을까요?"

"내가 이것을 세웠을 때는 건넛집 것만큼이나 괜찮아 보였어요. 그렇지 않았나요?"

"그래요, 물론 그렇게 보였지요. 그러나 폭풍이 지나간 지금은 건넛집 우편함만큼 괜찮아 보이지 않네요. 그렇죠?"

예수님의 이야기의 핵심은 겉으로 보이는 것과 다르게 매우 심각하다. 주일 아침, 이른바 그리스도인들은 겉보기에 서로 다를 게 없다. 교회에 가서 찬송을 부르며 설교를 듣는다. 누가 삶을 말씀 위에 세우고 있는 하나님 나라 백성이고 누가 아닌지 알기 어렵다. 당신과 나를 비롯해 예수님의 설교를 듣는 사람들에게, 문제는 그분의 설교를 듣느냐 안 듣느냐가 아니다. 그분의 설교에 동의하느냐 동의하지 않느냐가 아니다. 문제는 그분의 설교를 듣고 행하느냐 그러지 않느냐다.

그렇다면 우리는 예수님이 정말로 우리의 주님인지 아닌지 어떻게 아는가? 홍수가 닥칠 때, 급류가 몰아칠 때, 우리의 삶이 뒤집힐 때 알 수 있다. (참으로, 이것이 하나님이 우리의 삶에 시련을 허락하시는 주권적인 이유다. "너희 믿음의 확실함은…칭찬과 영광과 존귀를 얻게 할 것이니라," 벧전 1:6-7). 폭풍이 닥칠 때, 말씀을 듣기만 하는 자와 실제로 자신의 삶을 말씀 위에 세우는 자가 어떻게 다른지 드러난다.

또 다른 비유를 보자. 잔잔한 바다에 떠 있는 배를 상상해 보라. 배가 평온하게 정박해 있다. (솔직히, 나는 건축만큼이나 배에 관해서도 아는 게 없다.) 그 때 어디선가 느닷없이 엄청난 폭풍이 몰아친다. 어떤 배는 전복되고 어떤 배는 휩쓸린다. 어떤 배는 그 자리에 그대로 정박해 있으며 폭풍에 흔들리지만 휩쓸려가지 않는다. 왜 그런가? 닻을 단단히 내렸기 때문이다. 배가 폭풍에 떠내려가지 않는다. 그러므로 문제는 이것이다.

> 풍랑이 일고 바람이 불 때 그대는 닻을 쥐고 섰는가
> 거센 파도가 몰려 올 때도 요동함이 없이 서 있나
> 큰 물결 일 때도 우리의 영혼을 지키는 분 있네
> 반석되신 주님 섬기니 주님 우리의 닻이 되시네

모진 비바람 불어올 때도 주님 손 안에 붙들려 있네
험한 풍파가 일어날 때도 우리 탄 배 요동치 않네
큰 물결 일 때도 우리의 영혼을 지키는 분 있네
반석되신 주님 섬기니 주님 우리의 닻이 되시네(주 13)

인생에 폭풍이 닥칠 때, 이 찬송의 둘째 절이 우리에게 해당하는지 그렇지 않은지 드러난다. 장 칼뱅이 말했듯이, "참된 경건은 시련이 닥칠 때에야 가짜와 구분된다."(주 14)

경고와 초대

예수님이 우리가 듣기만 하는 자가 아니라 듣고 행하는 자냐고 물으실 때 그분이 말씀하고 계시지 않는 것이 무엇인지 다시 한 번 분명히 해야겠다. 예수님은 순종으로 천국에 들어간다거나 은혜로 그리스도인의 삶을 시작한 후에 순종으로 그리스도인의 삶을 지속한다고 말씀하고 계신 게 아니다. 이 구절에서 이런 결론을 도출할 수 있는 길은 이 구절을 누가복음에서 떼어내는 것뿐이다. 예수님은 순종을 가르치러 오신 게 아니라 우리를 구하기 위해 죽으러 오셨다. 누가복음의 메시지는 "인자가 온 것은 잃어버린 자를 찾아 구원하려 함이니라"이다(눅 19:10). 예수님은 그분께 잘 순종하는 "의인을 부르러 온 것이 아니요" 오히려 자신이 그분께 잘 순종하지 못한다는 것을 아는 "죄인을" 부르러 오셨다(5:32). 구원은 오직 은혜로, 오직 믿음을 통해 얻으며, 다른 그 무엇도 추가되지 않는다. 우리가 그리스도께 가져오는 것은 용서받아야 하는 죄뿐이다.

그렇더라도 예수님이 여기서 하고 계시는 말씀을 통해 주시는 도전을 놓쳐서는 안 된다. 그 도전이란 이것이다. 진정으로 그리스도를 믿는 자들은 그분께 순종하려 할 것이다. 이 책 1장에서 루터에게 들었던 말은 되새길 가치가 충분하다. "그리스도께서는 이 설교에서 우리가 어떻게 그리스도인이 되는지에 관해 아무것도 말씀하지 않고 이미 그리스도인이고 은혜의 상태에 있지 않으면 그 누구도 할 수 없고 맺을 수 없는 일과 열매에 관해 말씀하실 뿐이다."

그러나 일반적으로 역시 루터가 말했다고 여겨지듯, 우리를 구원하는 것은 오직 믿음이지만 우리를 구원하는 믿음은 절대로 혼자가 아니다. 다시 말해, 우리는 우리를 대신한 우리 주 예수 그리스도의 죽음을 믿음으로써만 구원받지만 예수님을 우리의 주님으로 믿는 믿음은 필연적으로 그분의 명령을 따르려는 순종으로 이어진다.

예수님이 이 말씀을 전하실 때 직접 들었던 사람들 가운데 하나인 사도 요한의 말을 빌리자면, "만일 우리가 하나님과 사귐이 있다 하고 어둠에 행하면 거짓말을 하는" 것이다(요일 1:16). 다시 말해, 우리가 그리스도의 것이라고 주장하면서도 이 세상의 길을 좇는다면, 온통 손에 쥐는 것에만 몰두한다면, 자신에게 거짓말하는 것이다. 이런 까닭에, 성경은 읽기에 위험한 책이며 교회는 발을 들여놓기에 위험한 곳이다. 우리는 들었으니 구원받았다고 스스로를 확신시킬 위험이 있기 때문이다.

설교 전체가 도전이자 경고이며 초대다. 이생을 사는 동안 또는 이생이 끝날 때 그 어떤 폭풍에도 무너지지 않을 기초 위에 우리의 삶을 세울 곳이 있기 때문이다. 우리는 그 어떤 시련을 겪더라도 이렇게 말할 수 있을 방법이 있다. "네가 나를 흔들거나 내게 상처를 입힐 수 있을지 몰라도 절대로 나를 쓰러뜨리지는 못 할 거다. 나는 내 삶을 그리스도 위에 세웠고 너는 그리스도를 내게서 앗아갈 수 없기 때문이다." 우리가 죽음을 마주하더라도 이렇게 말할 수 있게 사는 방법이 있다. "너는 나를 잡아두지 못할 것이다. 나의 구주께서 살아계시고 내게 '오늘 네가 나와 함께 낙원에 있으리라'고 약속하셨다"(눅 23:43). 예수님이 주님이라고 입술로 고백하고 그분의 약속을 마음으로 믿으며, 그러므로 삶에서 그분께 순종하려는 사람, 이런 사람은 노래하며 당당하게 폭풍우를 헤쳐 나갈 수 있다.

7장 순종하려는 진정한 갈망

이 몸의 소망 무언가

우리 주 예수뿐일세

우리 주 예수밖에는

믿을 이 아주 없도다

주 나의 반석이시니

그 위에 내가 서리라

그 위에 내가 서리라(주 15)

평지설교 8

우리 왕의 마음

"주께서 과부를 보시고 불쌍히 여기사 울지 말라 하시고"
(눅 6:13).

평지 설교는 우리에게 부담을 준다. 이 설교는 예수님 나라의 삶, 곧 우리가 찾을 수 있는 최고의 삶이 주는 복을 누리라는 초대다. 그러나 이 삶은 문화를 거스르고 직관을 거스르기에 우리는 자신을 오래 차근히 살펴야 한다. 예수님은 타협이나 양보를 제시하지 않으신다. 우리가 그분의 말씀을 진지하게 받아들이면 그분의 말씀이 우리를 변화시키는 것이 당연하다.

이제 이 책의 마지막 장이다. 이 책을 읽을 때 성령께서 우리 안에서 일하셨을 그 어떤 방식이라도 깎아내리거나 축소하고 싶지 않다. 그렇다고 우리가 예수님을 따르는 사람으로서 제대로 살기 위해 달라져야 할 방법론을 제시하고 싶지 않다. 우리가 예수님을 주님과 구주로 고백하고 그분의 진정한 제자가 되어야 할 필요가 있음을 뭔가 신선한 방식으로 보여주고 싶지도 않다.

하지만 꼭 말하고 싶은 것은 있다. 성경은 무엇보다 우리를 위한 것이면서 예수님의 영광과 선하심을 전하는 데 목적이 있다. 그 예수님이 친히 말씀하셨다. 나무는 그 열매로 알고 사람의 마음은 그 행동으로 안다. 그러므로 사람의 행동은 과연 그 사람을 신뢰할 수 있는지, 그 사람에게 귀를 기울이고 그 사람을 따라야 하는지를 판단하게 한다. 그리고 이 진리는 그 누구 못지않게 예수님에게도 적용된다. 그러므로 이 장에서는 예수님의 말씀 속에서 예수님이 어떤 분으로 드러나는지로 논의의 초점을 옮겨 가려고 한다. 자신을 주님으로 따르라며 우리를 부르시는 분은 우리를 향한 긍휼이 넘치는 분이시다.

사명 선언문

누가복음 6장에서, 평지 설교가 예수님이 그분 나라의 삶을 설명해 주시는 것이라면, 누가복음 4장의 예수님이 어느 회당에서 하신 말씀은 그분 자신의 삶에 적힌 사명 선언문이다.

> 안식일에 늘 하시던 대로 회당에 들어가사 성경을 읽으려고 서시매 선지자 이사야의 글을 드리거늘 책을 펴서 이렇게 기록된 데를 찾으시니 곧
>
> 주의 성령이 내게 임하셨으니
> 이는 가난한 자에게 복음을 전하게 하시려고
> 내게 기름을 부으시고
> 나를 보내사 포로 된 자에게 자유를,
> 눈 먼 자에게 다시 보게 함을 전파하며
> 눌린 자를 자유롭게 하고
> 주의 은혜의 해를 전파하게 하려 하심이라 하였더라

책을 덮어 그 맡은 자에게 주시고 앉으시니 회당에 있는 자들이 다 주목하여 보더라 이에 예수께서 그들에게 말씀하시되 이 글이 오늘 너희 귀에 응하였느니라 하시니(눅 4:16-21).

예수님은 이렇게 말씀하고 계신다. "내가 여기 있는 것은 좋은 소식을 선포하고, 두려움과 어둠과 죽음에 짓눌린 자들을 자유하게 하며, 주님의 은혜가 동트고 있음을 알리기 위해서다." 그러나 예수님이 하신 말씀이 충격적인 만큼이나 그분이 하지 않으신 말씀도 충격적이다. 이사야서에는 "은혜"(favor)를 언급한 뒤에 다른 표현도 나오기 때문이다. 이사야서의 본문은 "여호와의 은혜의 해와 '우리 하나님의 보복의 날'을 선포하여"라고 기록되어 있다(사 61:2).

왜 예수님은 은혜까지만 언급하고 멈추셨는가? 보복의 날이 절대 없기 때문이 아니라 그 날이 당시에, 지금도 역시, 아직 오지 않았기 때문이다. 은혜의 해는 이미 임했다. 그리고 예수님은 자신이 긍휼과 자비의 사역을 행하려 한다는 것을 우리에게 알리기 원하셨다. 마치 바울이 로마서 2장에서 말하는 "하나님의 인자하심이 너를 인도하여 회개하게 하심"을(4절), 곧 심판과 정죄 대신에 용서와 영생을 낳는 회개를 예수님이 체현하시는 것 같다.

    예수님은 인자(kindness)이며, 그분의 통치 아래로 돌아오고 그분의 영원한 나라에 들어가라고 사람들을 초대하러 오셨다. 예수님은 그분의 나라에 영원히 들어갈 길을 열기 위해 죽으러 오셨다. 우리 가운데 그 누구도 예수님이 얼마나 능력이 충만하신지 뿐 아니라 얼마나 인자하고 긍휼이 많으신지 완전히 이해하지는 못한다. 예수님이 평지 설교를 마치고 슬픔에 짓눌린 두 사람과 마주치셨을 때 이 놀라운 성품, 곧 그분의 긍휼과 능력이 분명하게 드러난다.

구하기만 하면 된다

두 사람 가운데 첫째는 로마군 백부장이었다. 그는 전쟁터에서 온갖 도전을 마주하고 극복했을 것이며, 지역 사회에서 상당한 지위를 누리고 있었다. 그는 신분에 걸맞게 노예들이 있었다. 로마 노예들은 권리가 거의 없었으나 이 백부장은 "사랑하는" 종이 적어도 하나 있었다(눅 7:2). 그런데 이 종이 "병들어 죽게 되었다." 이 로마군인은 어쩌다가 "예수의 소문을 들었다." 그는 멍청해서 백부장이 된 게 아니었기에 병들어 죽게 된 노예를 생각하며 이런 혼잣말을 했을 것 같다. "예수는 유대인이고 나는 유대인이 아니잖아. 내 지인 중에 유대인 지도자들이 있으니 가서 내 얘기 좀 전해 달라고 부탁하는 게 낫겠어." 그래서 그는 "유대인의 장로 몇 사람을 예수께 보내어 오셔서 그 종을 구해 주시기를 청했다"(3절). (그의 믿음이 어느 정도인지에 주목하라.)

유대인의 장로들이 예수님을 찾아가 백부장을

도와달라고 부탁한다. 이들은 예수님께 이렇게 말한다. "이 일을 하시는 것이 이 사람에게는 합당하니이다. 그가 우리 민족을 사랑하고 또한 우리를 위하여 회당을 지었나이다"(4-5절). 이것을 하나님을 향한 종교적 경건이라 말할 수 있겠다. "이 사람이 이런저런 선한 일을 했습니다. 그러므로 이 사람은 선생님의 도움과 복을 받을 자격이 있습니다." 하지만 예수님이 그의 집에 이르기 전, 백부장은 유대인의 장로들이 '자신이 한 일을 내세워' 예수님께 호소했다는 소식을 듣고 몸서리치는 것 같다. 그래서 다른 친구들을 예수님께 보내 앞서와는 다르게 간청한다.

주여 수고하시지 마옵소서 내 집에 들어오심을 나는 감당하지 못하겠나이다 그러므로 내가 주께 나아가기도 감당하지 못할 줄을 알았나이다 말씀만 하사 내 하인을 낫게 하소서(6-7절).

이번에도 그의 믿음이 어떠한지에 주목하라. 그

는 자신이 행한 어떤 일이 아니라 자기를 도울 수 있는 예수님의 능력과 도우려는 예수님의 의지를 신뢰하고 있다.

예수께서 들으시고 그를 놀랍게 여겨 돌이키사 따르는 무리에게 이르시되 내가 너희에게 이르노니 이스라엘 중에서도 이만한 믿음은 만나보지 못하였노라 하시더라 보내었던 사람들이 집으로 돌아가 보매 종이 이미 나아 있었더라(9-10절).

믿음이란 예수님께 나와 우리가 한 일과 우리에게 마땅한 것을 그분께 말씀드리는 게 아니다. 믿음이란 예수님이 긍휼과 능력이 충만하심을 알고 우리에게 필요한 것을 그분이 하려 하시고 하실 수 있음을 알기에 그분께 나오는 것이다. 믿음이란 이를 테면 가득한 손과 우리의 발로 예수님께 나오는 게 아니라 빈손과 우리의 무릎으로, 우리가 누구인지가 아니라 그분이 누구인지를 확신하며 그분께 나오는 것이다.

백부장은 장로들이 알지 못하는 것을 알았다. 그는 예수님이 어떤 분인지 알았다.

장로들이 백부장의 집에 돌아왔을 때 오간 대화를 상상해 보라. 이들은 미소를 지으며 말한다. "당신의 종이 나았다고 들었습니다. 우리가 예수께 당신은 그분의 도움을 받을 자격이 있다고 했던 게 효과가 있었던 게 분명합니다. 그분이 설득되신 겁니다."

백부장이 이렇게 답한다. "아닙니다. 그렇지 않습니다. 여러분이 그분께 하신 얘기와는 아무 상관이 없습니다. 저는 친구들을 예수님께 따로 보냈습니다. 가서 그분께 여러분의 얘기를 듣지 마시라고 말씀드리라 했습니다. 예수님은 설득되어야 도와주시는 분이 아닙니다. 이것은 그분의 성품을 완전히 오해하는 것입니다. 그분은 언제든 도와주실 준비가 되어 있습니다. 그분에게는 설득이 필요 없습니다. 구하기만 하면 됩니다."

그분의 마음이 그 여인을 향했다

"그 후에" 누가는 로마 백부장이 등장하는 장면을 뒤로 하고 다른 장면으로 우리를 인도한다. 이번에는 예수님이 유대인 과부와 마주치신다. 여기 슬픔에 잠긴 또 다른 집이 있다. 예수님은 장례 행렬과 마주치신다. 행렬 중앙에 한 청년의 시신이 있다. 이 청년은 "어머니의 독자요 그의 어머니는 과부"였다(12절). 상상할 수 있는 가장 절망적인 장면이다. 이 여인은 앞서 남편을 장사지냈고, 이제 하나뿐인 아들을 장사지내고 있다. 이스라엘 사회에서, 이 여인은 이제 보호받거나 부양받을 수단이 사라졌다. 인간의 시각에서 보면, 이 여인은 슬픔과 외로움과 집안의 대가 끊기는 비극에 직면했다. 여인의 모든 희망이 아들의 시신에 차갑게 누워 있다.

예수님이 장례 행렬과 마주치신다. 놀랍게도, 아무도 예수님에게 어떻게 좀 해 보시라고 하지 않는다. 누구도 이렇게 생각하지 않는 것 같다. '예수님이 개입

하시게 해야 하지 않을까?' 그 누구도 비극적이지만 일상적인 장례식 외에 아무것도 기대하지 않는다.

그러나 "주께서 과부를 보시고 불쌍히 여기셨다"(13절). NIV성경은 "불쌍히 여기셨다"(compassion on her)로 번역된 헬라어를 "그분의 마음이 그 여인을 향했다"(his heart went out to her)로 옮겼다. 예수님은 이 여인을 단순히 죄인으로 보지 않으시며, 그래서 이렇게 말씀하신다. "죽음은 죄에서 비롯된 현실이며, 너희도 죄인이기에 죽음의 저주 아래 있다." 예수님은 이 여인을 고통당하는 자로 보시며, 그래서 그분의 마음이 이 여인을 향한다.

예수님은 보시고 마음에 두시며 공감하신다. 예수님은 갈릴리 땅에서 1미터 쯤 떠서 다니며 세상일에 도무지 관여하지 않는 구원자가 아니라 흙먼지 길을 걸으며 만나는 사람들의 삶에 개입하시는 구원자다. 예수님은 자신 때문이든 다른 사람들 때문이든 세상살이의 상처로 고통 받는 자들을 불쌍히 여기는 마음이 넘치는 하나님이다.

그러나 예수님은 이 여인의 슬픔을 돌아보는 긍휼만 있는 게 아니다. 예수님은 죽음을 이기는 권세도 있다.

가까이 가서 그 관에 손을 대시니 멘 자들이 서는지라 예수께서 이르시되 청년아 내가 네게 말하노니 일어나라 하시매 죽었던 자가 일어나 앉고 말도 하거늘 예수께서 그를 어머니에게 주시니(14-15절).

예수님은 그 누구도 할 수 없는 일을 하신다. 예수님은 무덤으로 향하는 비극의 행렬을 멈춰 세우신다. 그러고는 여인에게 아들을, 여인의 미래를, 여인의 희망을 돌려주신다. 예수님은 이런 분이다. 모든 능력과 권세를 가지신 분이다. 그래서 불쌍히 여기시는 마음(compassion)이 더욱 더 놀랍다. 한없는 자원을 가진 분이 몸을 한껏 구푸리셨다. 하나뿐인 아들을 죽음에게 빼앗기고 장사지내는 비참한 상황에 처한 여인을 돌아보신다. 이 여인이 예수님께 그렇게 해주시길 구했기 때문이 아니라 예수님이 이 여인을 보고 불쌍히 여기셨기 때문이다. 예수님은 요청에 따라 움직이는 게 아니라 불쌍히 여기는 자신의 마음에 따라 움직이신다.

장 칼뱅은 이 장면에서 우리가 어디 있는지 보여 준다. "그리스도께서 죽음에서 살리신 청년은 그분이 우리에게 회복시키시는 영적 생명을 상징한다." 바꾸어 말하면, 나인성 밖에서, 우리는 예수님이 단지 과부와 그 아들을 위하시는 게 아니라 우리를 위하신다는 것을, 그분이 자신의 모든 백성을 위해 영적으로 하시는 일을 보고 있다.

예수님은 장례 행렬을 보고 그곳으로 걸음을 옮기셨듯이 우리의 절망적 발걸음을 보고 우리에게 오셨다. 다시 말해, 예수님은 인간으로 성육신하셨다. 예수님은 장례 행렬 한 가운데서 죽음의 자리에 손을 대어 스스로를 의식적으로(ritually) 부정하게 하셨듯이, 스스로 죽음에 들어가셨고, 우리를 위해 죽음을 겪으셨으며, 부정하게 되셨고, 우리가 받을 저주와 심판을 대신 받으셨다.

예수님이 말씀으로 과부의 아들을 죽음에서 생명으로 옮기셨듯이, "죽은 자들이 하나님의 아들의 음성을 들을 때가 오나니 곧 이 때라 듣는 자는 살아나리라"(요 5:24).

예수님이 장례 행렬에 개입해 죽음을 뒤집으셨던 것은 불쌍히 여기는 마음 때문이었듯이 그분이 세상에 오셔서 십자가를 지시고 우리에게 그분과 함께하는 생명을 제시하려고 무덤에서 살아나신 것도 우리를 향한 불쌍히 여기는 마음 때문이었다.

예수님은 오늘 우리의 마음을 무겁게 하고 우리의 뺨을 젖게 하는 일들을 들으시고 돌아보신다. 이렇듯 불쌍히 여기는 마음에 그분의 권세와 능력이 더해져, 예수님은 죽음을 이기는 승리자이며, 어느 날 완전하고 최종적인 형태로 그분의 모든 백성을 다시 살리고 우리의 모든 눈물을 닦아주실 분이다.

예수 안에 잠자는 복 있는 자들이 그분의 명령에
고요한 무덤에서 일어나고 바다에서 일어나
모두 천상의 몸을 입고 공중에서 그분을 만날 때,
놀라운 모임과 기쁨 있으리라!
놀라운 모임, 놀라운 모임,
사랑의 낙원에서 있을 구속받은 자들이
놀라운 모임이로다!
놀라운 모임, 참 놀라운 모임,
저 하늘 복된 집에서
구속받은 자들의 놀라운 모임 있으리라! (주 16)

    그러므로 예수님이 우리에게 입술로만 "주여 주여" 하지 말고 진심으로 하고 그대로 살아내라며 도전을 주실 때, 이 도전을 주시는 분은 불쌍히 여기는 마음과 능력이 넘치는 바로 이 예수님이다. 예수님이 우리에게 달라지라고, 뒤집어진 가치관을 받아들이고 다른 종류의 사랑을 추구하며 온전함을 내보이고 순종함으로 살라고 하실 때, 그분이 바로 이 예수님이다. 이 예수님을 바라볼 때, 우리는 그분께 끌리고 그분을 따르며 섬기고 그분께 순종하게 된다. 이 예수님께 주목할 때, 우리는 그분의 나라에서 누리는 모든 복 가운데 가장 큰 복을 발견하고, 하나님의 백성이 누리는 모든 기쁨 가운데 가장 큰 기쁨을 발견하며, 우리가 최고의 삶을 영원히 누리기 위해 진정으로 필요한 단 하나, 예수님 바로 그분을 발견한다.

미주

1. How happy!, How fortunate!, How privileged!
  평지설교와 비슷하지만 더 긴 마태복음의 산상설교를 보는 이러한 접근법에 대해 내 친구 존 우드하우스에게 빚을 졌다.

2. *Luther's Works*, ed. Jaroslav Pelikan, vol. 21 (Concordia, 1958), p291.

3. *The Message of the Sermon on the Mount: Christian Counter-Culture* in The Bible Speaks Today series (IVP Academic, 1978).『존 스토트의 산상수훈』, 정옥배 옮김 (생명의 말씀사, 2011).

4. *Commentary on a Harmony of the Evangelists, Matthew, Mark, and Luke*, trans. William Pringle, vol. 1 (The Calvin Translation Society, 1845), p261.『칼빈주석 17, 공관복음』, 박문재 옮김 (CH북스, 2011).

5. *The Interpretation of St. Luke's Gospel 1-11* (Augsburg Fortress, 2008), p361(풀어 썼다).

6. Kate B. Wilkinson (1925).

7. *The Message of the Sermon on the Mount: Christian Counter-Culture*, p176.

8. Grace W. Castle, "Suppose." The Christian Century XXIX:3

(January 18, 1912), 16 (풀어 썼다).

9. *The Weight of Glory: And Other Addresses* (HarperCollins, 1980). 『영광의 무게』, 홍종락 옮김 (홍성사, 2008).

10. *So This is Christmas* (The Good Book Company, 2018), p14.

11. Andrew Bonar, *Memoir and Remains of Robert Murray M'Cheyne* (Banner of Truth, 1995), p153에서 인용.

12. *The Message of the Sermon on the Mount: Christian Counter-Culture*, p207. 『존 스토트의 산상수훈』, 정옥배 옮김 (생명의말씀사, 2011)

13. Priscilla J. Owens, "We Have an Anchor" (1882). 〈구세군 찬송가〉 801장 "풍랑이 일고 바람이 불 때"

14. *Commentary on a Harmony of the Evangelists, Matthew, Mark, and Luke*, vol. 1, p370.

15. Edward Mote, "My Hope Is Built on Nothing Less" (1834). 〈21세기 찬송가〉 488장 "이 몸의 소망 무언가"

16. Fanny Crosby, What a Gathering (1887).

참고 자료

Andrew Bonar, *Memoir and Remains of Robert Murray M'Cheyne* (Banner of Truth, 1995).

John Calvin, *Commentary on a Harmony of the Evangelists, Matthew, Mark, and Luke*, translated William Pringle (Calvin Translation Society, 1845).『칼빈주석 17, 공관복음』, 박문재 옮김 (CH북스, 2011).

Richard Lenski, *The Interpretation of St. Luke's Gospel 1-11* (Augsburg Fortress, 2008).

C. S. Lewis, *The Weight of Glory: And Other Addresses* (HarperCollins, 1980).『영광의 무게』, 홍종락 옮김(홍성사, 2008).

Jaroslav Pelikan (ed), *Luther's Works*, volume 21 (Concordia, 1958).

John Stott, *The Message of the Sermon on the Mount: Christian Counter-Culture* in The Bible Speaks Today series (IVP Academic, 1978).『존 스토트의 산상수훈』, 정옥배 옮김(생명의 말씀사, 2011).

Rico Tice, *So This is Christmas* (The Good Book Company, 2018).

The Christian Manifesto:
Copyright © 2023 Alistair Begg
Originally published by:
The Good Book Company
Epsom, UNITED KINGDOM
www.thegoodbook.com

This Korean Edition is published under licence from The Good Book Company
and the Wen-Sheuan Sung Bluth Agency

More resources by the author can be found at Truth For Life,
the Bible-teaching Ministry of Alistair Begg. www.tfl.org

All rights reserved.

예수가 평지에서 하신 말씀

초판 1쇄 발행 2025년 1월 20일

지은이 알리스테어 벡
옮긴이 전의우
펴낸이 신은철
펴낸곳 좋은씨앗
출판등록 제4-385호(1999. 12. 21)
주소 서울시 서초구 바우뫼로 156, MJ 빌딩 402호
전화 2057-3041 팩스 2057-3042
페이스북 facebook/goodseedbook
이메일 good-seed21@hanmail.net

ⓒ 좋은씨앗, 2025
ISBN 978-89-5874-409-2 03230

이 한국어판의 저작권은 Wen-Sheuan Sung을 통해 The Good Book Company와
독점 계약한 〈좋은씨앗〉에 있습니다. 신저작권법에 의해 한국 내에서 보호받는
저작물이므로 무단 전재와 무단 복제를 금합니다.